サロンオーナーが全部教える

いくつになっても すっぴん美肌 になれるコツ

フェイシャルケアリスト
梅原美里

青春出版社

はじめに

はー、疲れた
眠いけどスキンケアしなくちゃね
…って、えっ!?
ここのしわ深くなってない?
こんなところにしみあったっけ!?
……
見なかったことにしよう
とはいえ、しみもしわもたるみも加速しているのは事実だわ…
く…
歳とるとスキンケアって意味ないのかな～
ズーン

翌日
こんにちは
いいお天気ですね
ですね！
では、また～
どうも～
ななこさん、しばらく会わないうちに劣化した？
ピクッ
うんうん！私も思った！
お互い気をつけないとね～!!
丸聞こえだっつーの!!
ドーーン
すべての女性に美しい素肌を
フェイシャルケア専用サ
はあ…
ん？
すべての女性？美しい美肌？
50代の私でもきれいになれるの？
いらっしゃいませ、梅原です

あのー、すべての女性って50代以上も入りますか？
もちろんです!! いくつになっても美しい素肌はつくれますよ
お座り下さい
毎日頑張ってスキンケアしてるのに年齢にはかなわなくて…
ふだん、どんなスキンケアを？
オイルタイプのクレンジング剤と洗顔料でしっかり洗顔
さっぱりタイプの化粧水を、パタパタと叩き込む
オイリー肌なので乳液はうっすら塗る
毎日パックを10分以上
ななこさんはドライ肌ですね
ふむふむ
ええ!? 若い頃からオイリー肌だとばかり！
オイリー肌だと思い込んでいるミドルエイジの女性は結構います
でも肌質は年齢によって変わるんですよ
20代
オイリー肌
50代
ドライ肌
だから年齢に合った正しいお手入れ、「エイジングケア」が大切！
正しいエイジングケアをすれば、肌は必ず応えてくれますよ

効果がなかったのって スキンケアの間違い だったんだ…
あんなに頑張って スキンケアしてたのに…
プルプル
これまで、よく頑張りましたね！
でも頑張りすぎると 心が疲れて、逆にお肌には よくないんです
毎日のパックも 必要ありません
えっ!! そんなに ラクして大丈夫ですか!?
正しいお手入れを 毎日コツコツと 楽しんで続ける
これが美しい素肌を 手に入れるコツ。とくに「楽しんで」が重要です！
これだけで効果は 倍増します
逆に効果を 感じられれば、必ず楽しくなって きますよ
梅原さん！私に正しい エイジングケアを 教えてください!!
はい！喜んで！
まずは、土台を整えて
ゆっくりと、きれいに、肌年齢を重ねて いきましょう！

はじめに

いつの間にか出現しているしみ。
深くなっているしわ。
たるんでぼやけてきたフェイスライン。
どんなにスキンケアをしていても加齢には効果ないのかもしれない……。

冒頭のマンガで登場した、ななこさんと同じような悩みを抱えている方は多いのではないでしょうか？

あらためまして、私は「スローエイジング」をテーマに、フェイシャル専門のエステサロンを運営している梅原美里（うめはら・みさと）と申します。

美容医療やコスメの発達で、〝きれいな肌〟に見せることが可能になりました。なんなら写真だって簡単に加工できてしまう時代です。だけど、本当は〝すっぴん〟がきれいになりたいのが多くの女性の願いではないでしょうか。とくに同世代に「肌きれい」と言われるとうれしくなるものです。

サロンに来られるお客さまは20～80代までと幅広いのですが、とくに40代以上のミドル層の女性が大半を占めています。

お客さまのお悩みに寄り添いながら、これまで1万人以上の方々の施術をさせていただきました。肌状態が改善していくにしたがい、どんどん表情が明るくなっていく様子を拝見するたびに、「女性はいつでも、そしていつまでも輝ける」ことを実感しています。

本書では、多くの女性の悩みに寄り添ってきた経験から、「楽しみながら、きれいになる美容術」をみなさんにご紹介します。

といっても、難しいことは何もありません。特別な道具も使いません。それなのに、誰でも見違えるくらい美しくなります。多くのミドル層の女性は、美容情報がアップデートされていないだけ。昔のまま、もしくは間違った美容法のせいで、肌が劣化しているだけなのですから。

ミドル層に合った、正しいエイジングケアを取り入れるだけで、いくつになってもみずみずしい素肌を手に入れることは可能です。美容医療や高いコスメに手を出す前に、ぜひ本書で紹介している「すっぴん美肌になれるコツ」を試してみてほしいのです。

しみ、しわ、たるみ……と悩み多きミドル層のななこさんと一緒に、「美」を引き出すためのレッスンを、さっそく始めていきましょう！

Contents

サロンオーナーが全部教える
いくつになっても「すっぴん美肌」になれるコツ

第2章
「すっぴん美肌」をつくるエイジングケア

第3章
洗顔は肌を整えるための最大の武器

第4章

「しみ・くすみ」を予防して透明肌をつくる

第5章

「しわ・たるみ・むくみ」のスローエイジング対策

第6章

「魔法の手」でお金をかけずにきれいになる

本文・帯マンガ：メイ ボランチ
本文イラスト：早瀬あやき
本文デザイン・DTP：黒田志麻
出版プロデュース：株式会社天才工場 吉田浩
編集協力：塚本佳子

第1章

ゆっくり、きれいに、
肌年齢を重ねる
「スローエイジング」

スローエイジングで
お肌も心もきれいになる

アンチエイジングなら知っているけど…
アンチエイジングは若い頃の肌を取り戻すという考えですね
取り戻す!
でも人間は平等に歳をとるものです
若い頃の自分の肌には戻れないし、無理に抗っても疲れるだけ
その感情が、お肌には大敵なんです
50代
やっぱり年齢にはかなわないってことか…
ドョ〜ン
今日もネガティブですね
キノコ生えてる…
若くてもお手入れをしないと衰えていくし
つやっ
70代
20代
ボロッ
そういう子の肌よりもずっと美しい70代の方が当店のお客さまにもいますよ!
ちなみにななこさん
スキンケアするときちゃんと鏡、見てま…
見てません!!
ドーン
どうせ老眼で、よく見えないしね!!
丁度いいわ!
落ち着いて! ななこさん!

美しい素肌を手に入れるコツをお伝えしたの覚えてますか?
正しいお手入れを毎日コツコツと楽しんで続ける…
ボソ…
すばらしい!!
正しいお手入れをするには、自分と向き合うことが大切です
今の肌状態を見て、触って、ちゃんとわかってあげる
ふむふむ
そして、その状態に合ったお手入れをすることで、
今のお肌よりマイナス5歳肌を目指す!
これがスローエイジングです
-5歳肌
鏡見タクナイヨ
わかります!
でも、お肌が変わってくると、鏡を見たくなるんですよ
ロボ化してる…
スキンケアをするのも鏡を見るのも楽しくなってくるんです!
タノシイ?
お肌はとっても繊細で心の状態にすぐ左右されるんです
老けた顔を見るの嫌だな
スキンケア面倒だなどうせ効果ないし…
と思っていたら、どんどん老けていくし効果もでません

逆に、
今日も肌きれいだな
スキンケアの効果かな
スキンケア楽しいな！
と思えば、どんどん肌は期待に応えてくれます
つまり、正しいエイジングケアの第一歩は鏡を見るということですか？
その通りです
まずは鏡を見て、手で触れて、今の肌状態を受け入れましょう
正しいお手入れを楽しく続けることで必ず肌はよい状態に変化していきます
わかりました!!
うおおお
メラメラ
今日、3倍拡大ミラーを買ってきます!!
すばらしい!!
もえてる〜
ゆっくりじっくり肌を観察してきてくださいね！
押忍!!

ミドルエイジの9割はドライ肌

最初に断言しますが、**ミドルエイジ女性の9割は「ドライ肌」**といっても過言ではありません。

しかし、それに気づいていない人や、気づいていても正しいお手入れができていないことから、しみやしわ、たるみなどの肌トラブルに悩まされている人は少なくありません。

そして、なかなかトラブルが改善されないと、その理由を「老化」で片付けてしまいがちです。

ドライ肌に気づいていない人のほとんどは、10代や20代の頃にニキビができやすいオイリー肌で苦労した経験のある人です。そのため、いまだに「自分はオイリー肌だから、化粧水や乳液を塗りすぎないほうがいい」と思い込んでしまっているのです。

その思い込みが、よりドライ肌を加速させるのは当然なのですが、ドライ肌に気づいていながら正しいお手入れができていない人も、実は「思い込み」に原因があるケースがほとんど。

クレンジング剤、洗顔料の選び方や洗顔の仕方、化粧水、乳液といったスキンケア商品の選び方や塗る順番など、過去にテレビや雑誌などで得た情報をベースにした思い込みによって、間違った方法を続けている人が、想像以上に多いのです。

これまで16年にわたり、延べ1万人以上のお客さまのお肌をお手入れしてきた私の実感です。

年齢に合わせた「エイジングケア」と「スローエイジング」

年齢によって、肌質は変わります。

もともとオイリー肌の人も、多くの人は年齢を重ねるごとにドライ肌へと変化します。ドライ肌だった人は、どんどんドライ肌が加速していき、しみやしわ、たるみなどが表面化してきます。

ただし、それは「正しいお手入れをしなければ」のお話。

ミドルエイジのみなさんは、お手入れの方法が間違っていると考える前に、「歳だから仕方がない」と諦めてしまう傾向にありますが、間違ったお手入れをしていれば、効果が現れないのは当たり前です。

正しいお手入れを実践することで、**肌年齢は実年齢のマイナス5歳をキープ**することができるし、**エイジング（加齢）をゆるやかにする**ことができます。

これを「スローエイジング」といいます。スローエイジングは、老化に抗う「アンチエイジング」とは違い、年齢を受け入れながら、そのときそのときの美しさを目指していくことです。

そして、「肌年齢に合った、正しいお手入れ」を「エイジングケア」といいます。

物理的に若い頃の肌に戻ることはできません。でも、みずみずしく健康的な肌を手に入れることは十分に可能なのです。

「正しいエイジングケアを続けたことで、しわが改善した」という70代のお客さまもいらっしゃいます。この方はいつもポジティブで明るく、若い人たちよりもずっとキラキラ輝いています。コツコツとエイジングケアを楽しんで続けている様子に、いつも私のほうが元気をもらっています。

今のあなた自身の肌状態をきちんと把握し、年齢に合ったエイジングケアをすることで、いくつになっても肌の輝きは取り戻せます。

ドライ肌のサインを見逃さない

９割のミドルエイジが該当する「ドライ肌」とは、いったいどんな肌状態を指すのでしょうか？

ドライ肌とは、まさに肌の水分や皮脂が減少し、乾燥している状態です。からっからに乾いた土をイメージしてみてください。硬くなった土の表面にヒビが入っていますよね。このようにドライ肌は、水分や皮脂が減少することで肌のキメが崩れ、さわった時に「ごわごわ」した硬さを感じます。その結果、毛穴やしわが目立ったり、たるみにつながったり、見た目にも変化が起きます。

ドライ肌のサイン

黄色信号

- 洗顔後ツッパリ感がある
- 粉をふく
- 肌のかさつきが頻繁に起こる
- ごわごわ、こわばるなど肌が硬い感じがする

赤信号

- 皮膚が薄くなった（毛細血管が目立つ）
- 赤みが出る（毛細血管が切れる）
- ピリピリするなど肌に痛みがある

ドライ肌の進行を防ぐためには、上記のような肌からのサインを見逃さないことが大切です。

黄色信号に該当する項目がある場合は、正しいスキンケアができていない可能性大。すぐに第2章以降で紹介する正しいエイジングケアを実践してください。

赤信号に該当する項目がある場合、まずは専門家の診察を受けましょう。その後、肌の状態が落ち着いたら、第2章以降で紹介している正しいエイジングケアを実践してみてください。

なるべく、黄色信号で食い止められるように日々、肌と向き合いましょう。

ドライ肌の原因はバリア機能の低下にある

ドライ肌は、肌の「バリア機能」が低下することで起こります。

肌の表面を覆っている「皮脂膜」によって、肌の内側と外側から肌の成分の蒸発と肌への刺激を防いでくれるのがバリア機能です。

20代中頃までの肌は、皮脂の分泌やコラーゲン、エラスチンといったたんぱく質をつくる力と保つ力があるため、睡眠不足や日焼けなどによって肌トラブルが起きてもすぐに元の肌に回復します。

しかし、25歳を過ぎ30代になってくると、脂質の分泌量が減っていき、たんぱく質をつ

肌にはバリア機能が備わっている

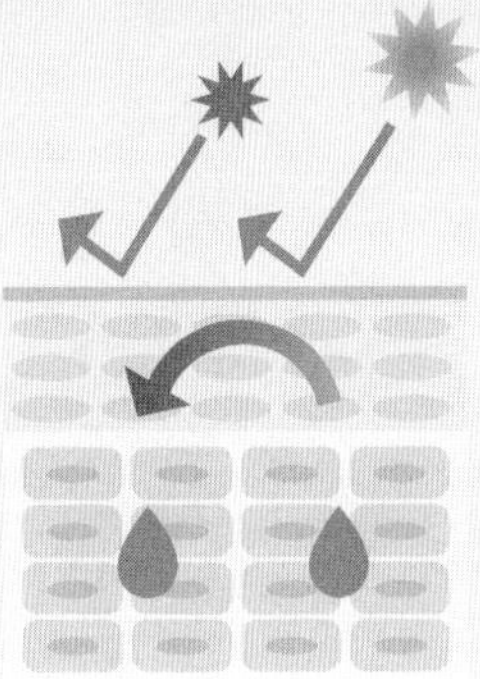

外側

乾燥や紫外線、ほこり、化粧などの刺激を防ぐ

内側

水分やたんぱく質など肌の潤いに大切な成分の蒸発を防ぐ

くる力や保つ力が低下するため、回復するまでに時間が必要になってきます。

40代になると、長年蓄積されたメイクによる肌への負担、仕事や家事といった忙しさによる生活習慣の乱れに加え、ホルモンバランスの影響も出始めます。この変化が、よりバリア機能を低下させていくのです。

50代では、肌荒れや乾燥のトラブルがより深刻になっていき、60代以降は、しわやたるみがより顕著に現れます。

もちろん、これらの肌トラブルは「正しいお手入れをしなければ」のお話なので、ご安心を。

エイジングケアとは外側と内側の「保湿」を大事にすること

エイジングケアで大切なのは、何をおいても「**保湿**」です！

スキンケアは「外側の保湿」のことですが、エイジングケアでは、外側はもちろん「**内側の保湿**」も意識します。

□外側の保湿

外側の保湿はしっかりと化粧水を肌に入れてあげることです。化粧水は毎日塗っているという人も多いと思いますが、保湿につながる塗り方をしているでしょうか？

ドライ肌の方の大多数は化粧水が足りていません。使用している化粧水によって違いはありますが、「適量をしっかりと塗る」ことが一番大切なポイントです。

また、手の温かさによって化粧水はお肌に馴染みやすくなります。手でやさしく押さえているうちに、肌がひんやりするタイミングがあります。それが、「水分がきちんと肌に浸透したよ」というサイン。

顔には凹凸があるため、「塗りムラ」にも注意が必要です。目の際、鼻の下、あご周りなどは意識しながら塗るようにしましょう。

化粧水はその名の通り「水分」なので、化粧水を塗っただけでは潤いを保つことはできません。さらなる乾燥を防ぐためにも、乳液やクリームという「油分」でフタをしてあげる必要があります。

正しいエイジングケアの方法は、第2章で詳しく紹介していきます。

□内側の保湿

外側からだけ水分を入れても、体内の水分量は上がりません。肌の潤いを保つためには、こまめに口から水分をとるようにしましょう。

口からとる水分とは、まさに「水」のことです。コーヒーやお茶、アルコールは、肌の栄養になる水分ではないのでご注意を！　とくにカフェインは利尿作用があるため、飲めば飲むほど身体の水分が失われてしまいます。

常温の水や白湯を30分～1時間に1回のペースでちょこちょこ飲むようにしましょう。目安は2ℓです。普段、あまり水を飲まない人がいきなり2ℓは難しいと思います。500㎖、1ℓと、量を増やしながら、水分をとることに慣れていきましょう。

とくにホルモンバランスによる肌トラブルは、この2つの保湿によって最小限に食い止めることができます。潤いのある健やかな肌を保つための予防策として、ぜひ、今日から外側と内側、両方からの保湿を心がけてみてください。

乾燥から肌を守る「ターンオーバー」

ドライ肌はバリア機能が正常にはたらくことで改善できます。では、バリア機能を正常にするためには何が必要なのでしょうか？　それはズバリこれ！

肌の「ターンオーバー」を正常に保つ

ターンオーバーとは、古い角質がはがれ落ち、新しい肌へと生まれ変わることをいいます。

「あの人、いつも肌がきれいだよね」

「肌荒れとは無縁そう……」

みなさんの周りにもそんな「すっぴん美人」がいらっしゃいませんか？　こうした肌を持つ方に共通しているのが、「**肌代謝が良い**」ということです。この肌代謝が「ターンオーバー」です。

皮膚は、大きく分けて「表皮」「真皮」「皮下組織」の3つの層で構成されています。ターンオーバーが行われるのは、もっとも外側にある表皮。表皮は外側から「角質層《かくしつそう》」「顆粒層《かりゅうそう》」「有棘層《ゆうきょくそう》」「基底層《きていそう》」でできており、一番奥にある「基底層」で新しい細胞がつくられています。

基底層で生まれた細胞が、約28日かけて角質層へと徐々に押し上げられ、角質となってはがれ落ちます。ちなみに、この肌代謝は顔だけではなく、身体全体で行われています。ケガをしても自然と治癒するのは、ターンオーバーのおかげです。

ターンオーバーのサイクルはエイジングによって、どんどん長くなるといわれています。

すっぴん美人のヒミツは
肌のターンオーバー

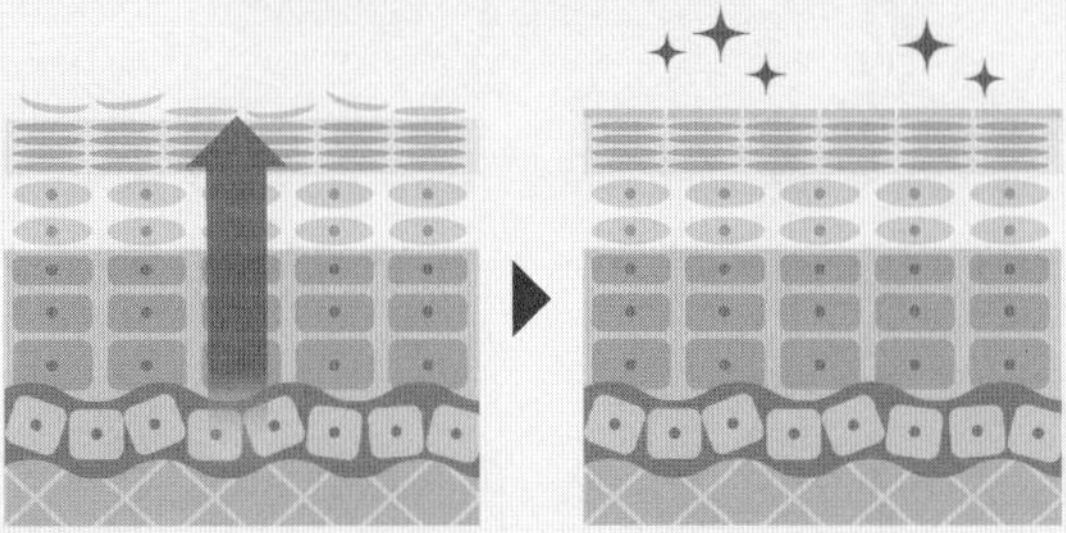

古い角質がはがれ落ち、新しい肌へと生まれ変わる、肌のターンオーバー。そのサイクルは年齢を重ねるとともに、どんどん長くなる

・20代……約28日
・40代……約55日
・50代……約75日

ターンオーバーが正常に行われなくなると、さまざまな肌トラブルを引き起こします。ミドル層にとってもっとも問題になるのは、肌の水分量が足りなくなることです。しわやたるみなど、肌トラブルの大半は乾燥によって起こります。その他、しみの表面化も、ターンオーバーの乱れでメラニンが排出されないことによって生じます。

エイジングケアを実践することで、無理をせずにターンオーバーを約28日周期に近づけることができます。

エイジングケアに大切なのは「無理をしない」こと

ターンオーバーを正常に保つために大切なことの1つが、前述した「**保湿**」です。気候によって乾燥しがちな秋～冬だけ行えばいいということではありません。年間を通して、内側と外側からしっかり肌に水分を入れるようにしましょう。

また、「**洗顔**」も大切。正しい洗顔によってターンオーバーが正常にはたらき、肌トラブルの改善が期待できます。正しい洗顔方法については第3章で詳しくご紹介します。

そして、保湿や洗顔と並んで重要なのが「**新陳代謝を活発にする**」ことです。そのためには、次の3つについて生活習慣を見直しましょう。

・バランスのよい食事
・十分な睡眠時間の確保
・適度な運動

「そんなこと、わかってるよ」という声が聞こえてきそうですが、基本的なことはいつの時代も変わりません。何か不調を感じたとき、基本に返ることが改善への近道になることは多々あります。

ただし、スローエイジング、エイジングケアの観点で大切なのは、「無理をしない」こと。無理をすると続かないという理由もありますが、それ以上にスローエイジングは「**心の健やかさを保つ**」ことが優先なのです。

スローエイジング、エイジングケアは、ゆるく、長く続ける。

これを保ったうえで、できることをしましょう。

ターンオーバーが整う生活習慣1

体の中からきれいにする食生活

新陳代謝をアップするには、まずは体内から見直します。その1つが食事から必要な栄養を摂ることです。ミドルエイジになると、若い頃よりも食が細くなったり、肉類が食べられなくなったり、あっさりとした食事を好むようになります。

しかし、これでは「栄養不足」に陥ってしまう可能性があります。栄養が足りなくなると顔や首がげっそりと痩せてしまい、年齢よりも老けた印象を与えてしまいます。

また、閉経によって女性ホルモンが減少するため、骨がもろくなり骨粗鬆症《こつそしょうしょう》を引き起こしやすくなります。骨量の変化は目元のくぼみや頬骨がこけるといった形で表面化します。

つまり、**ミドル層こそ「しっかり食べる」**を意識することがとても大切なのです。

まずはビタミン類を摂ることを意識しましょう。代謝を高めるビタミンB、骨をつくるのを助けるビタミンD、抗酸化作用のあるビタミンEは積極的に摂取したい栄養素です。

ビタミンBは、牛肉や豚肉、魚に含まれています。野菜と一緒にこうしたたんぱく質も食べるようにしましょう。

ビタミンDは、きのこ類に含まれています。食事だけではなく日光浴によっても生成されるので、1日15分程度の日光浴を習慣にするのもおすすめです。

ビタミンEは、アボカドやナッツ類に多く含まれています。ただし、食べ過ぎは禁物。脂質も多く含まれているため、過剰に摂取するとニキビや吹き出物などの肌荒れを起こします。

しっかり食べることが大切といいましたが、それは**必要な栄養素をきちんと摂る**ということです。「食べすぎ」も「食べなさすぎ」もNG。特定の食材ばかりを食べる、あるいは炭水化物を極端に減らすといった偏った食生活は避け、バランスのよい食事をすることが、スローエイジングの基本です。

ターンオーバーが整う生活習慣2

就寝1~3時間が美肌づくりのゴールデンタイム

毎日、よく眠れていますか?

改めてそう聞かれると、「そういえば眠りが浅いかも……」「夜中に起きてしまうことがある」「朝、寝起きが悪い」など、なんらかの悩みが見つかるのではないでしょうか。

当サロンに来られるお客さまの中にも、目の下にクマをつくっていらっしゃるお疲れモードの方や、施術中に寝てしまう方など、睡眠に問題を抱えている方は意外と多いと感じます。

それだけ、みなさんが仕事や家事に全力投球されているということです。

しかし、こうした「睡眠負債」が溜まると仕事や家事のパフォーマンスが落ちるだけでなく、肌にも悪影響を及ぼします。クマができるなどはその典型です。できれば、1日7時間程度の睡眠時間を確保することをおすすめします。

そして、睡眠時間の中でもっとも重要なのが、就寝してからの1～3時間です。この時間帯は「美肌をつくるためのゴールデンタイム」。成長ホルモンの分泌が活発になるので、この間にしっかりと熟睡することで、日中に外部から刺激を受けた肌が回復します。

では、どうすれば質の高い睡眠を得られるのでしょうか。ポイントをいくつかご紹介します。

・朝、15分以上、日光を浴びる（体内時計を調節し、夜眠りやすくする）
・寝る前に身体を温める
・就寝前のカフェインは避ける
・就寝前に軽いストレッチやヘッドマッサージをする

・眉間のツボをゆっくり押す

これらは、身体をリラックスさせる「副交感神経」を優位にする方法です。副交感神経を優位にするためには、自律神経を整えることがカギになってきます。

自律神経を整えるツボは全身にありますが、就寝前は頭や顔周りのツボを重点的に押すと、気持ち良さもあいまってリラックス度が高まるといわれています。強く押さずに、「痛気持ち良い」と感じるのが1つの目安。1日の疲れを癒す意味でも、これらのケアを習慣にしましょう。

ターンオーバーが整う生活習慣3

適度な運動で代謝をアップする

肌代謝を高めるためには、適度な運動も効果的です。運動はご自身が得意なもの、好きなもので構いません。ヨガやウォーキング、水泳など、続けられそうなものを選ぶようにしましょう。

ここで1つ注意したいのが、「運動のやりすぎ」です。ミドル層のお客さまからお話を聞くと、運動にハマってしまって毎日ジム通いをしている方や、膝や腰を壊してまでダンスやヨガを続けている方を時折見かけます。

前述したように、スローエイジングでもっとも大切なのは「無理をしない」こと。ミドル層にとって**「適度な運動」**とは、**「もう少しやりたいな」と思うところでやめておくこ**

とです。

逆に「短時間で効率的な運動をしたい」という方もいると思います。そこでおすすめなのが「**肩甲骨ストレッチ**」。**代謝を高めるための要が肩甲骨にある**からです。肩甲骨が硬いと身体全体の血行が悪くなり、体調を崩しやすくなるため、当然肌トラブルも増えます。

とくに現代人は、パソコンやスマートフォンの使用などで、肩が前に丸まってしまう「巻き肩」傾向にあります。巻き肩になると、鎖骨周辺の筋肉がキュッと萎縮し、肩甲骨周りの筋肉が引っ張られ、どんどん背中が丸まってきます。その結果、呼吸が浅くなり、代謝が落ちるという悪循環に陥ってしまうのです。

かくいう私も、数年前まで肩甲骨がガチガチで、ひどい肩コリに悩まされていました。しかし、肩甲骨ストレッチを毎日行い、肩甲骨周りの筋肉をほぐしたことで徐々に改善され、肌の調子も整うようになってきました。

顔に血流を届けるためにも、肩甲骨をしっかりほぐし、滞りのない身体を維持しましょう！

ターンオーバーが整う!

肩甲骨ストレッチ

両手を真横・真上に上げる際、手が耳より後ろに上がるのが目標です。肩甲骨が硬いと、両腕が真横・真上に上がらずに前傾してしまいます。続けるうちに少しずつ柔らかくなり、正しい位置に上がるようになっていきます。最初は1回の回数も1日の回数も少なくてOK。だんだんと回数を増やしていきましょう。

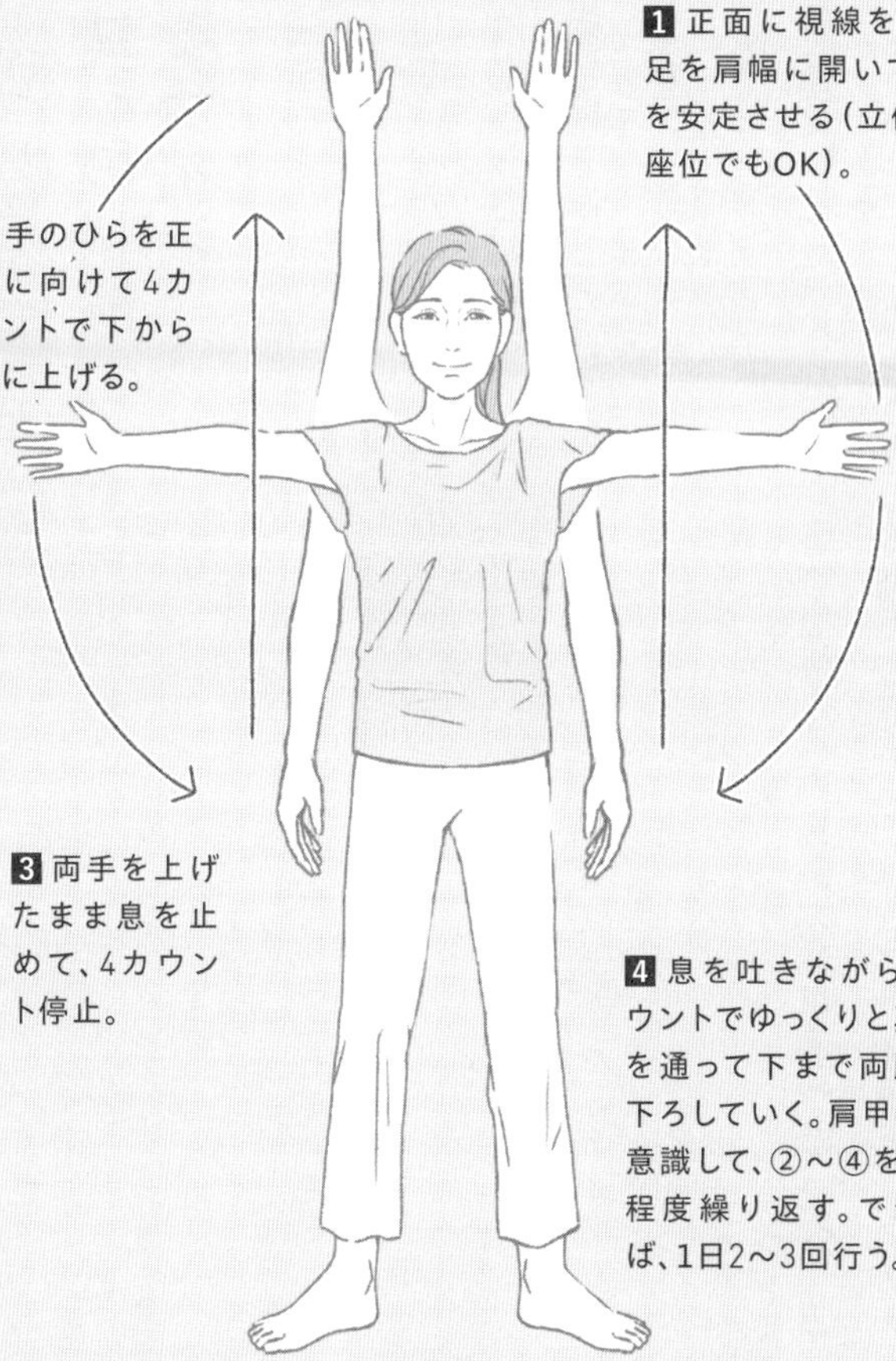

1 正面に視線を向け、足を肩幅に開いて身体を安定させる(立位でも座位でもOK)。

2 手のひらを正面に向けて4カウントで下から上に上げる。

3 両手を上げたまま息を止めて、4カウント停止。

4 息を吐きながら8カウントでゆっくりと真横を通って下まで両腕を下ろしていく。肩甲骨を意識して、②~④を5回程度繰り返す。できれば、1日2~3回行う。

ターンオーバーが整う生活習慣4

肌荒れは心の状態（ストレス）を知らせるサイン

「正しいスキンケアをしているのに、肌荒れが治らなくて……」

そういって当サロンに来られるお客さまがいらっしゃいます。

そこで詳しく肌の状態を見てみると、顔だけではなく頭皮や首まで湿疹や肌荒れが広がっているケースがあります。

何をやっても肌荒れが解消しない。そんなときは「過剰にストレスが溜まっている」ことを疑ったほうがいいかもしれません。心と肌は密接に関係しています。心が楽しくハッピーなら肌ツヤも良くなるし、逆に心に不安やストレスを抱えていれば、それが肌にも影響してしまいます。

解消方法は、「ストレス発散法を1つだけでも持っておく」ことです。運動をする、カラオケに行く、友だちとショッピングに行ったりおしゃべりをしたりする、好きなだけ甘いものを食べる……、なんでも構いません。

とはいえ、動く元気すらないときもありますよね。そこで、実際に私が行っているいつでも簡単にできる方法を2つお伝えしたいと思います。

1つは、「**寝る前に、紙に嫌なことをわ〜っと書き出し、それを破る！　そしてゴミ箱にポイッ！**」です。

書き出すという方法はよく聞くと思いますが、書き出した紙を破いてゴミ箱に捨てるまでがワンセット。これをするだけでずいぶんスッキリすると思います。

その日に起きた嫌なことは、なるべくはやめに「吐き出す」ことが大切。吐き出さずにずっと心の中に留めておくと、どんどんストレスは大きくなります。毎日、顔を洗って汚れを落とすように、心の汚れも落としてから眠るようにしましょう。

「布団の中に嫌な感情は持ち込まない」、「1日の心の汚れはその日のうちに落とす」を心がけてください。


そしてもう1つは、「**基本に返る**」ことです。

肌荒れがひどいときには、前述した「食事」「睡眠」「運動」の3つのバランスを意識してみましょう。

肌荒れは「無理をしないで」のサインです。まずは、しっかり睡眠をとって身体を休ませること。次に「おいしい」と感じる食事をとること。食材だけの話ではなく、大好きな人と大好きなものを食べることで心が回復することは多々あります。そして、少し元気が出てきたら、身体を動かしてみましょう。この3つを意識してストレスを軽減することで、肌荒れも改善されるケースは少なくありません。


こういった身体全体のケアをすることで、肌のエイジングケアも効果が増します。

第2章

「すっぴん美肌」をつくるエイジングケア

やさしく接するほど美肌は育つ

それは今すぐやめましょう。「摩擦」は美肌づくりの大敵です
NO
肌はとてもデリケートなので極力刺激を与えないことが大切なんです
パッティングはドライ肌を加速させます
カラッ
カラ
そ、そ、そうなんですか!?
昔、雑誌で見ましたよ!?
基礎美容を教わる機会ってないですからね
雑誌やネット情報を参考にしがちですが、間違っていることも多いんです
パッティングがイイヨ
Zasshi
美容特集
それに、肌質は人それぞれ違うし、季節などの環境によっても変化します
私はいったい何を信じれば…
サラ
サラ
自分の肌とちゃんと向き合えば、何が正しいのかわかってきます
1つひとつ見直していきましょうね
はいっ
んっと…「効果が見られないのはパッティング（摩擦）が原因」と…
メモ
メモ
化粧水を塗ることだけではありませんよ

洗顔やタオルで顔を拭く際にも摩擦には要注意！
フワ…
やさしく接するほどすっぴん美肌は育ちます
フワワ…
もう1つ思ったことがあるんですけど…
50代からでもきれいになれる人って…
お金をかけている人ですよね？
結局世の中MONEY
ドーン
比例しないと言ったらウソになりますが
お金をかけずにきれいになる方法はあります
それは、「今」正しいエイジングケアを始めること！
えっ！どういう意味ですか!?
NOW!
ビシャッ
万人に共通しているのが「今、この瞬間」が一番若いということです

お肌の回復力は年齢を重ねるほど弱くなります
NOW!
回復力
50代
60代
70代
つまり、これからの人生の中で、お肌の回復力が一番高いのが「今」なんです!
ほー
今、正しいエイジングケアを始めることが「すっぴん美肌」をはやく手に入れるポイントであり、
回復力の低下をゆるやかにするポイントでもあるんです
YES! NOW!
ドライ肌がもっと進む前にすっぴん美肌を手に入れれば
お手入れのアイテムを減らすことができて(66ページ参照)
ゲットだぜっ
スキンケア時間の短縮と、お金の節約につながるというわけです
なるほど!
はやく美肌育たないかな…
おっと!「焦らずコツコツ」もメモメモ
メモ
メモ
心にも懐にも負担にならないエイジングケアをゆっくりと、楽しく続けられれば必ず「すっぴん美肌」は手に入りますよ!

「すっぴん美肌」のメカニズム

ニキビやかさつきのないつるんとした肌。

しわやしみのない透明感のある陶器のような肌。

いくつになってもそんな「すっぴん美肌」に憧れますよね。すっぴん美肌を手に入れるためには、肌の構造を知っておくことが大切です。どのようなメカニズムによって、肌の水分は保たれているのか、逆に肌トラブルは起こるのか、正しいお手入れをするうえでのヒントになります。

第1章のターンオーバーの項でも少し触れましたが、皮膚は「表皮」「真皮」「皮下組織」の3層構造になっています。

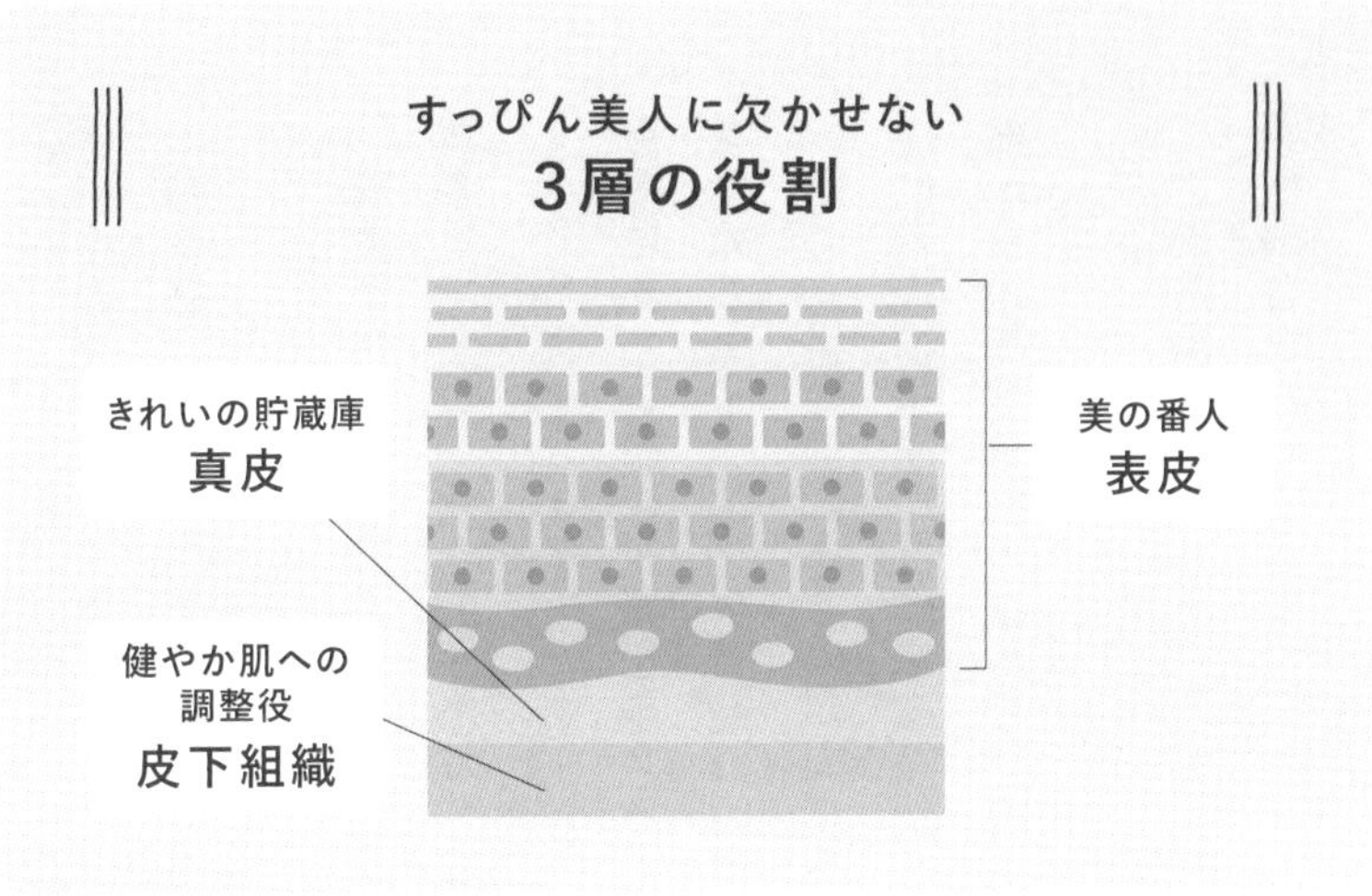

表皮は肌の一番外側にあり、私たちが目で確認できたり触ったりできる部分です。その厚さはなんと約0・2㎜。とても薄い層なので、ちょっとした刺激でも傷ついてしまうため、やさしく接する必要があります。表皮はさらに「角質層《かくしつそう》」「顆粒層《かりゅうそう》」「有棘層《ゆうきょくそう》」「基底層《きていそう》」の4つの層に分かれており、新しい肌細胞をつくり出したり、外部の刺激から肌を守ったりする役割を担っています。

「**角質層**《かくしつそう》」……外部からの刺激と内部からの水分蒸発を防ぐ（バリア機能）。

「**顆粒層**《かりゅうそう》」……角質層が正常にはたらくための保湿成分をつくる。

「**有棘層**《ゆうきょくそう》」……紫外線を反射させて肌の奥まで浸透

するのを防ぐ。

「基底層《きていそう》」……新しい肌細胞を生成する。

「真皮」は、3層構造の真ん中にある層です。コラーゲンやエラスチンといったたんぱく質やヒアルロン酸などがあり、肌のハリや弾力を保つ役割をしています。これらが減少すると、たるみやしわにつながってしまいます。もちろん正しいスキンケアは大切ですが、真皮にある細胞に栄養を与えるためには、食事や規則正しい生活も重要。こういったことを含めてエイジングケアといいます。

肌の一番深部にあるのが「皮下組織」です。血管が通っており、細胞に栄養を届けたり、逆に老廃物を運んだりする役割を担っています。また、皮下脂肪が大半を占めており、外部からの衝撃を和らげたり体温調整をしたりする役割も担っています。

この3層のはたらきが正常に行われることで肌はみずみずしく、健やかなすっぴん美肌を保つことができます。

「すっぴん美肌」の3大メリット

誰もが手に入れたい「すっぴん美肌」なのでメリットはいわずもがなですが、よりスキンケアが楽しくなる「すっぴん美肌3大メリット」をご紹介します。毎日、心身ともに健やかに暮らすためには、すっぴん美肌ほど効果的なものはありません。

メリット1 スキンケアがラクになり、お金もかからない

お肌は、傷みが進めば進むほど回復に時間がかかります。受けたダメージを修復するためのスキンケア商品が必要になり、必然的に手順も増え、手間もお金もかかります。しかし、すっぴん美肌をキープしていれば、シンプルなケアでOK。時間もお金も節約できます。

メリット2 メイクのノリが良くなる

吹き出物ができたら、なるべく触らずに負担をかけないことが大切です。とはいっても、隠したくなるのが心情。その部分のメイクを厚塗りにしてしまう人は少なくありません。しわやしみにも同じことがいえます。しかし、すっぴん美肌を手に入れれば、厚塗りメイクは必要ありません。ファンデーションなどの肌馴染みも良くなるため、うっすらと塗るだけで肌を美しく見せることができるのです。

メリット3 気分が上がる

何よりも重要なのがこれです！　すっぴん美肌というだけで気分が上がり、毎日鏡を見るのが楽しくなります。逆に吹き出物やしみ、しわを発見したりすると、一気に悲しい気分になってしまいます。このマイナスな感情が肌トラブルにつながり、さらに気分が落ち込むという悪循環を生み出します。

「すっぴんエイジ」を知ろう

すっぴん美肌を手に入れ、維持するためには、日々、自分の肌としっかり向き合うことが大切です。まずは、自分の肌年齢＝「すっぴんエイジ」を知ることから始めましょう。

すっぴんエイジは、お肌の水分量、皮脂量、毛穴の開き具合、キメの細やかさなどでわかります。次ページの「う・な・は・だ・け・つ」を基準に、自分の顔を「鏡で見て」、「手で触って」、自己診断してみましょう。目指したいのは、もちろん「マイナス5歳」のすっぴんエイジです。必ずメイクオフした状態でチェックしてくださいね。

これまで肌と向き合う時間がなかった人は、自己判断といわれてもよくわからないかも

しれません。その場合、生まれたときの肌に一番近いと言われている「二の腕」と比較してみましょう。肌と向き合っていくうちに、日々の変化を実感できるようになっていきます。

すっぴん美肌自己診断

(う)＝うるおい
（しっとりしていますか？）

(な)＝なめらか
（すべすべしていますか？）

(は)＝ハリ
（ハリはありますか？）

(だ)＝弾力
（指で触ったときやわらかな弾力がありますか？）

(け)＝血色
（黒ずみはありませんか？）

(つ)＝ツヤ
（ツヤ感はありますか？）

あなたのすっぴんエイジ

YESの数が6個＝
実年齢のマイナス5歳

YESの数が4個〜5個の場合＝
実年齢

YESの数が5個以下＝
実年齢オーバー

あなたの肌の乾燥度をチェック

オイリー肌、ドライ肌、ミックス肌という言葉を聞いたことがあると思います。皮脂分泌が多い状態がオイリー肌、皮脂や水分が足りていない状態がドライ肌、Tゾーンなど部分的に皮脂が多いけれど、そのほかは乾燥しがちなのがミックス肌です。

第1章の冒頭でもお話ししたように、ミドル層の9割はドライ肌です。オイリー肌と思い込んでいる人も、じつは乾燥が進みすぎたことが原因であるケースがほとんど。乾燥した肌は水分を補おうとして、皮脂を過剰分泌してしまうのです。それなのに保湿をせずに皮脂を減らすケアをしていると、乾燥がどんどん進み、肌はボロボロになっていきます。

あなたのお肌の乾燥がどれくらい進んでいるのかチェックしてみましょう。

お肌の乾燥度チェックテスト

質問にYESかNOで答えてください。

START

洗顔後、顔がつっぱる

YES

NO

※もし、皮膚がピリピリして痛みがある、少しの刺激で赤みが出る、肌荒れが治らないといった症状がある場合は、皮膚科など専門家の治療をおすすめします。

エアコンの効いた部屋にいることが多い

YES

くちびるがガサガサする

YES

NO

NO

本をめくるとき指をなめる

YES

NO

乾燥Level…2

水分保持力が下がってきている油断大敵な肌。肌が硬い感じがする、肌のキメが粗いなどの症状が現れる。

乾燥Level…1

水分保持力のある正常な肌。ただし、加齢や季節などの環境によって肌状態は変化します。定期的に肌の乾燥度をチェックしましょう。

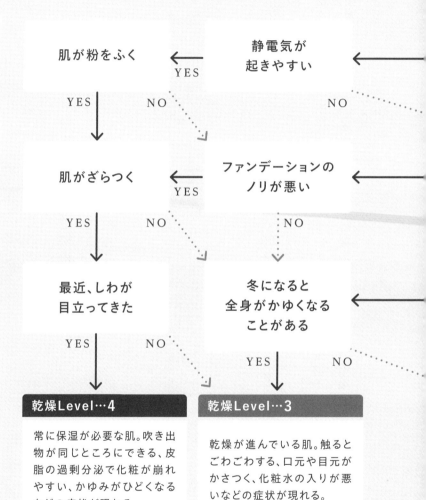

静電気が
起きやすい

YES → 肌が粉をふく

NO

肌が粉をふく

YES / NO

ファンデーションの
ノリが悪い

YES → 肌がざらつく

NO

肌がざらつく

YES / NO

最近、しわが
目立ってきた

YES / NO

冬になると
全身がかゆくなる
ことがある

YES / NO

乾燥Level…4

常に保湿が必要な肌。吹き出物が同じところにできる、皮脂の過剰分泌で化粧が崩れやすい、かゆみがひどくなるなどの症状が現れる。

乾燥Level…3

乾燥が進んでいる肌。触るとごわごわする、口元や目元がかさつく、化粧水の入りが悪いなどの症状が現れる。

肌の土台づくりから始めよう

すっぴんエイジが実年齢オーバーだった方も、乾燥レベル4だった方も、悲観する必要はありません。等身大の自分を知り、受け入れ、正しいエイジングケアを実践することで、マイナス5歳のすっぴんエイジ、乾燥レベル1にどんどん近づいていきます。

そのためには、まずは肌の土台づくりが大切。時間をかけてゆっくりと水分がしみ込みやすい肌に変えていきましょう。いくら一生懸命に化粧水を塗っても、肌がその水分を受け止められなければ意味がありません。

植木鉢の土と植物を例にするとわかりやすいと思います。植木鉢の土の表面だけが乾いている場合、早急に水を与えれば土が水分を吸収し、下へ下へとしみ込んでいきます。土

が水分を保つ機能を果たすので、植物も土から水分を吸って元気になります。この段階では、水を与えさえすれば乾燥を防ぐことができます（乾燥レベル2～3）。

一方、植木鉢の土が乾ききった砂のようになっている場合、前記のようにはいきません。一時的に土の表面は湿りますが、すぐに乾いてしまいます。乾燥のしすぎで水を浸透させる力も保つ力もないためです。十分に水を与えても、植物の根まで水分は届きません（乾燥レベル4）。植木鉢なら、土を入れ替えたり、人工的に植物に栄養を与えたりすることで対処できます。しかし、肌を入れ替えることはできません。

肌の水分浸透力と保持力を高めるのに大切なのは次の3つです。

❶極力刺激（摩擦）を避ける

❷良質な睡眠をとる

❸保湿成分の入った化粧品を選び、正しいスキンケアを行う

①と②はすでにお話ししたので、次項からは③の「正しいスキンケア」を伝授します。

すっぴん美肌になる！ 正しいお手入れ方法

正しいスキンケアの方法は、肌状態によって変わります。あなたの乾燥レベルに合わせてスキンケアを行いましょう。

乾燥レベル1：クレンジング（夜のみ）→洗顔→化粧水→乳液

乾燥レベル2：クレンジング（夜のみ）→洗顔→化粧水→乳液→クリーム

乾燥レベル3：クレンジング（夜のみ）→洗顔→化粧水→美容液→乳液→クリーム

乾燥レベル4：クレンジング（夜のみ）→洗顔→導入美容液（導入化粧水）→化粧水→美容液→乳液→クリーム

洗顔後、水溶性のものから順番に肌に塗っていきます。「美容液はいつ塗るの?」とよく聞かれるのですが、美容液は水溶性のものがほとんどなので、基本的に乳液の前に使いましょう。ただし、「導入美容液」は、乾燥で硬くなった肌をやわらかくする役割があります。「化粧水の入りをよくするため」のものなので、洗顔後すぐに使用してください。

エイジングケアのポイントは、「まずは」手間と時間をかけることです。

これまで肌に叩き込むようにしてつけていた化粧水をやさしく押し込むようにしたり、摩擦を極力減らすようにしたりと、慣れないこともあると思います。だからといって、適当にすませてしまっては効果は得られません。手間と時間をかけないための近道は、すっぴん美肌を手に入れることです。そうすれば手順は減っていきます。すっぴん美肌ができるまでは、コツコツとゆっくり続けていきましょう。

それでは、正しいお手入れの方法をご紹介します。もっとも工程の多い乾燥レベル4のケースを紹介していますが、ご自身の肌状態によって省いてください。すっぴん美肌になるためには「やりすぎない」ことも大切。余分なケアは肌トラブルの原因にもなります。

すっぴん美肌をつくる!
正しいお手入れの順番と方法

1 …… 洗顔後、手を清潔にし、こするなどして手を温めます。

2 …… 適量の導入美容液を手にとったら、手のひらで顔全体をやさしく押さえます。叩いたり、こすったりしてはいけません。

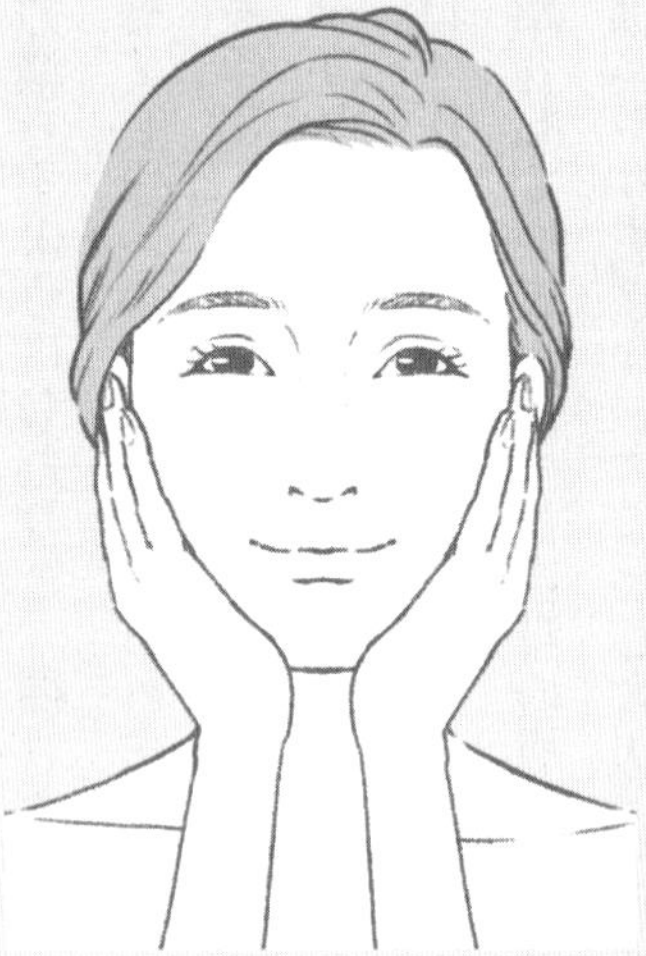

3 …… 適量の化粧水をやさしく顔全体に馴染ませたあと、手のひらで顔全体を押さえます。叩いたり、こすったりしてはいけません。

4 …… 目尻や小鼻、あご周りなど、凹凸部分もしっかり押さえます。細かなところが見えにくい場合は、拡大鏡などを使って顔の隅々まで化粧水がいきわたっているか目でも確認してください。

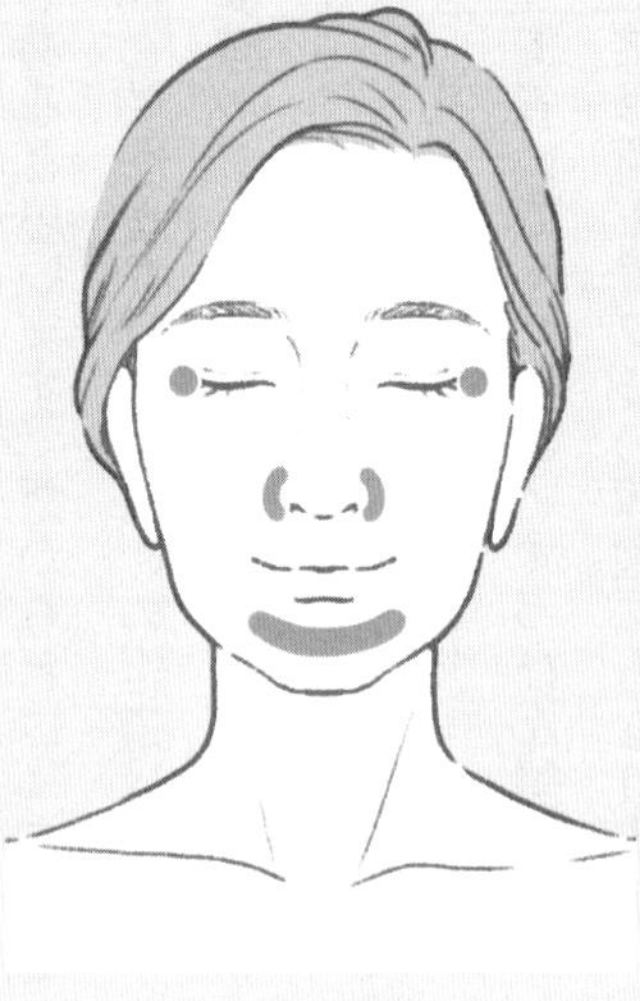

5 …… 化粧水をしっかり浸透させることが重要です。顔がちょっとひんやりしたら、化粧水が入ったサイン。水分補給はOKです。

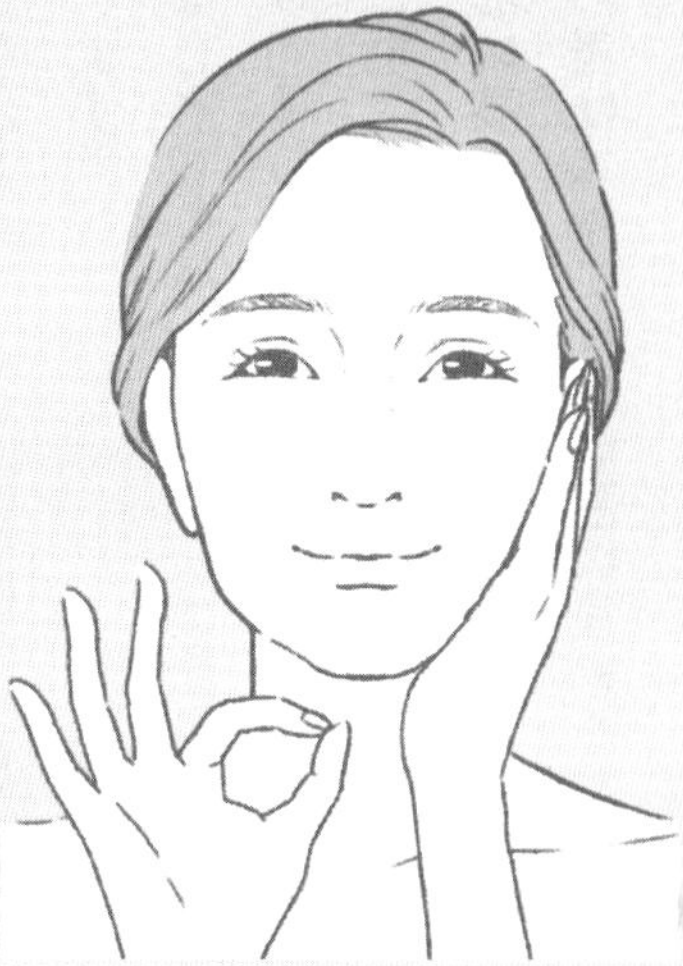

6 …… 美容液を適量とり、なでるようなソフトタッチで、顔全体に馴染ませたあと、手のひら全体で顔を押さえます。肌に液体が残っていない状態になったら7に進みます。

7 …… 乳液を左右の頬とあごと鼻と額の5か所に点置きして、やさしく顔全体にのばします。馴染んだら、手のひらで顔全体を押さえます。肌に液体が残っていない状態になったら8に進みます。

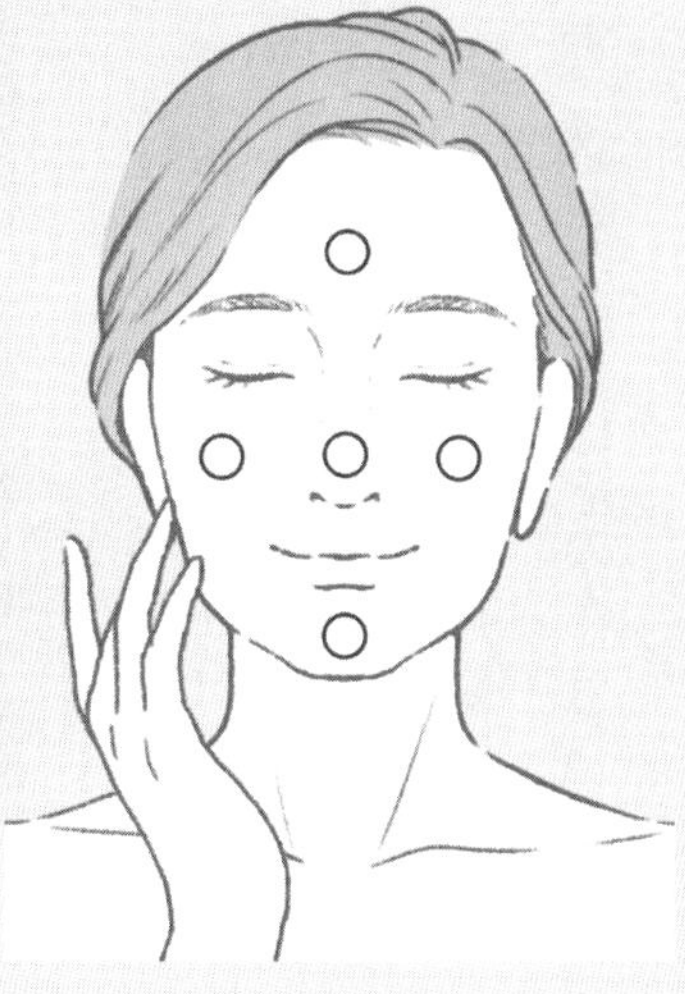

8 …… クリームも点置きし、やさしく顔全体にのばします。顔全体に馴染んだら、手のひら全体で顔全体を押さえます。肌にクリームが残っていない状態になったらスキンケアは完了です。

高いスキンケア商品をケチって使っても効果なし！

今や高いものからプチプラまで、あらゆるスキンケア商品がそろっています。ミドル層の方からはよく、「やっぱり値段の高いスキンケア商品を使ったほうがいいですか？」と聞かれます。

私は必ずしも高いスキンケア商品を使えばいい、とは思っていません。高いスキンケアだから、誰の肌にも合うものだとは限りませんし、**高いものは「適量」を使うのが難しい**からです。なるべく長く持たせようとして、適量よりも少なめに使ってしまいがちです。どんなに高いスキンケア商品でも、ケチって使っていては効果は得られません。

左の表はスキンケア商品の役割を説明したものです。必要な成分はその人ごと、環境に

正しく理解していますか？
スキンケア商品の役割

クレンジング剤

メイクやほこりなどを落とすための「油溶性」のスキンケア商品。ベースメイクやファンデーションなど、化粧品には油分が多く含まれています。油汚れを落とす際には、同じ油を使うことできれいに落ちます。

洗顔料

顔全体の汚れを落とします。汗やほこりなど水溶性の汚れをきれいに取り除くことで、古い角質をはがれやすくします。

導入美容液（導入化粧水）

乾燥レベルが高く肌のごわつきや硬さがひどいときに、より化粧水の浸透力を高めてくれます。

化粧水

お肌に必要な水分を与えます。保湿のほか、皮脂の分泌量を整え、肌のバリア機能を正常にする役割があります。

美容液

肌の悩みを解決する役割があります。しみやしわ、ニキビなど、悩みに応じた美容液を選びましょう。

乳液

化粧水を塗るだけでは、水分が蒸発してしまいます。水分が逃げないよう「フタ」をするのが乳液の役割です。乳液は水溶性と油溶性の両方の機能をもっているため、肌に浸透しやすい特徴があります。

クリーム

化粧水と乳液の成分をより肌に浸透させるために、フタをするのがクリームの役割です。加齢とともに肌の油分は減り、ツヤやハリが失われます。クリームは水分と油分のバランスを整えてくれます。

よって変わります。

エイジングケアで重要なのは、自分の**乾燥レベルに「必要な工程」を「省かず」に行う**こと。これを守ったうえで、「継続できる」スキンケア商品を選びましょう。とくに乾燥レベルが高い場合、導入美容液からクリームまで、たくさんのスキンケア商品をそろえる必要があります。お財布と相談して、継続可能な価格帯の商品を使うことをおすすめします。

同じメーカーの同じラインでそろえる必要はありません。化粧水は使う量が多いから安いものにして、乳液やクリームはちょっと高めのものにしてより保湿効果を高めるなど、きちんと目的をもって使い分けるようにしましょう。

最近では肌に必要な成分がすべて入っている「オールインワン」を使っている人も多いと思います。便利で使用しやすい一方、役割の異なる成分が1つの商品になるということは、それぞれの効果が少しずつ減っているというデメリットがあることも理解しておきましょう。できれば、旅行など外出先での簡易的な保湿ケアに使うことをおすすめします。

スペシャルケア「パック」の正しいやり方

日常的に正しいエイジングケアができていれば、他に特別なことをする必要はありません。とはいえ、より乾燥が気になる場合や、イベントや大事な予定があるときなどは、「スペシャルケアをしたいな」と思うこともありますよね。

そういうときは「**パック**」がおすすめです。

一般的にパックには、顔に乗せるシートタイプと、パック剤を顔に塗って洗い流すペーストタイプがあります。どちらも効果的ですが、手順は異なります。

シートタイプの場合、たいてい美容液成分が入っているので、化粧水のあとに美容液の

代わりにパックをするのがおすすめです。パックをはずしたあとは、軽く手で馴染ませてから乳液をつけましょう。

洗い流すペーストタイプの場合、洗顔後にパックをします。そのあときれいに洗い流して、化粧水から順番に塗っていきます。


どちらにも共通して注意してほしいことは、「使用時間を超えないこと」と「やりすぎないこと」です。

パックのほとんどは水溶性の成分です。水溶性は「乾いたほうに水分が移動する」という特性を持っているため、パックが乾くと逆に肌の水分をもっていかれてしまうのです。「まだ湿っているのにもったいないな」と思うかもしれませんが、これもドライ肌を加速させないためのコツです。

日常的なエイジングケアにパックを追加したい場合でも、毎日のケアはおすすめしません。**多くても週2回まで**。やりすぎないように注意してください。

シーズンごとにスキンケア商品を変えたほうがいいワケ

読者のみなさんの中には、「昔からずっとスキンケア商品を変えず、一途に使い続けています」という方がいらっしゃるかもしれません。使い慣れている商品は安心だし、他のものに変えるのも抵抗がありますよね。

ただ私は、**化粧品はシーズンごと、少なくとも春夏と秋冬の年2回、見直したほうがいい**と思っています。その理由は2つあります。

1つは、肌のコンディションは季節によって大きく変わるから。

とくに秋冬は乾燥しがちなので、より保湿成分の高いスキンケア商品にチェンジするこ

とをおすすめします。また、夏でもエアコンの効いた室内は乾燥しています。こまめな保湿を心がけるようにしましょう。

もう1つは、新製品を試すことができるから。

化粧品業界では日夜さまざまな研究が行われ、次々に肌の悩みに応えるための新商品が各メーカーから発売されています。そのため、昔からある化粧品を使い続けることがある意味「時代遅れ」になっている場合もあります。

もちろん、メーカーも日々、商品のアップデートをしているので一概にはいえませんが、新たな商品に出会うことで、よりよい肌に整えてくれる機会が増えるかもしれません。また、いろいろなメーカーの商品を使い、経験値が上がれば、「このスキンケア商品は良かった、良くなかった」と自分の中に判断基準が生まれます。

各スキンケア商品のメーカーが違っていてもOK。自分の悩みに合っていそうな商品を見つけて、試しに化粧水だけ使ってみるといったチェンジの仕方もおすすめです。

メイク中の保湿の方法

「朝はばっちり決まっていたのに、夕方になるとメイクがよれちゃう……」

そういうことって多いですよね。オフィスや外出先などでは、冷房や暖房、紫外線など外部からの刺激を受けやすく、肌の乾燥が進むシチュエーションは少なくありません。

「保湿はこまめに」が大切ですが、メイクをしている間は保湿をしない人がほとんど。そもそもメイク中に保湿をする発想がない人もいれば、どうやって保湿をすればいいかわからない人もいるでしょう。

そこで、メイク中の保湿の方法をご紹介します。手順は次の通りです。

❶テカっている部分を軽くティッシュで押さえ、余計な皮脂を拭き取ります。
❷乳液をつけたコットンで、メイクがよれている部分を拭き取ります。
❸メイクを拭き取った部分に、ファンデーションを塗り直します。

外出先ではそこまでできない場合も多いでしょう。そんなときは、メイクの上から乳液やオールインワンを塗ってください。化粧品は油溶性なので、同じ油溶成分の多い乳液が保湿効果を高めてくれます。水溶性の化粧水はあまりおすすめしませんが、今はメイクの上から使える保湿成分入りの「ミスト化粧水」などもあります。つねにバッグの中に持ち歩き、ときどき顔全体に吹きかけてください。

タイミングとしては、トイレに立ったときに肌の状態を確認するといいでしょう。お昼休みと午後1回の2回は保湿を心がけたいものです。もちろん、内側からの水分補給も忘れないでください。

自分の皮脂が最高の美容クリーム

テカリやべたつき、メイクが浮いてきてしまう原因は「皮脂」と「汗」にあります。また、ミドルエイジになると乾燥から皮脂の過剰分泌が起こり、ニキビや吹き出物ができたり、肌のキメが崩れたりすることもあります。

そのため、「皮脂は悪者」、「皮脂をなるべく抑えるのが大切」と考えている人は多いのではないでしょうか。

しかし、**皮脂は肌の水分の蒸発を抑え、潤いを保ってくれる、すっぴん美肌には欠かせない「成分」の1つ**でもあります。そういう意味で皮脂は、肌を守ってくれる「とってもいいヤツ」。上手につき合っていきたいですよね。

皮脂の分泌を適正にするには、本章で紹介してきた「正しいエイジングケア」を実践することと、第1章で紹介した生活習慣を見直すことで「ターンオーバーを正常化」することが重要です。

これらに気をつけることで、お肌の水分と油分のバランスが整い、皮脂は「ツヤ」となってあなたを美しくしてくれます。

私はよく「**自分の皮脂は最高のクリーム**」とお客さまにお伝えしています。まずは化粧水や乳液などで必要な水分を補ってドライ肌を改善し、皮脂が正しく分泌するように肌を整えていきましょう。

第3章

洗顔は
肌を整えるための
最大の武器

「洗いすぎない」のが
エイジング洗顔のコツ

基本的に洗顔は朝と夜の2回
それ以上洗うと、肌のバリア機能が低下します
必要な皮脂まで取り除いてしまって乾燥がより加速してしまうんです
ち、力が出ない…
バリア機能のみなさん
洗顔はすればするほどいいというのも思い込みだったんですね…
私ったらなんてことを…
以前、ターンオーバーのお話をしましたよね
肌の細胞が生まれ変わる周期は28日
NEW!
28日
でも、年齢を重ねると周期が乱れていきます
また年齢問題…
ドヨ〜ン
まあまあ
周期をなるべく正常に保つためには古い角質などをとってあげるのが重要
みんな行くよ〜
2回の洗顔がその役割をしています

ちなみに、朝晩以外の洗顔後はどんなスキンケアをしてますか？
パパッ
時間がないので化粧水をぱぱっと…あ、やさしく接してますよ
なるほど
ふむ
何もしないよりは断然いいんですけど、
グッバイ
化粧水さん!?
化粧水は蒸発しやすいので乳液も塗ってください
行かせないよ
どうしても時間がないときだけはオールインワンで代用してもいいかもしれません
ALL IN ONE
時短のために何を塗ろうか悩みどころでした

汗が気になるときは
できればハンカチやティッシュでやさしく抑えて、拭き取ってあげるといいと思いますよ
摩擦はドライ肌の原因の1つ
なるべく刺激を与えない方法を考えましょう
わかりました!
「洗いすぎは、摩擦でドライ肌を加速」と
メモ
メモ
肌トラブルの原因の多くは乾燥です
お肌が荒れてるなと感じたら
ドライ肌の予防と同時に原因も考えてみてください

潤いのあるすっぴん美肌は毎日の洗顔でつくられる

エイジングケアの中でとくに大切なのが「**洗顔**」です。正しい方法で洗顔するだけでも、肌のトーンが上がったり、肌荒れが改善されたりします。

洗顔には、大きく2つの役割があります。

1つは、「**汚れをとる**」ことです。

洗顔には油性の汚れをとるクレンジング剤と、水性の汚れをとる洗顔料の2つのスキンケア商品を使います。

クレンジング剤では主にメイクを、洗顔料では汗やほこりなどを洗い流します。肌には

大気中のちりや細かなゴミ、排気ガス、花粉など見えない汚れがたくさん付着しています。そのまま放置すると、肌荒れにつながります。

もう1つは「**角質のケア**」です。

肌を健やかに保つためには、ターンオーバーを正常に保つことが大切。第1章で詳しく説明しましたが、ターンオーバーとは古い角質がはがれ落ち、新しい肌へと生まれ変わることです。しかし、年齢を重ねれば重ねるほど角質ははがれにくくなります。洗顔には、古い角質をはがれやすくして、肌の新陳代謝をよくする効果があるのです。

洗顔はすっぴん美肌をつくるためにとても重要な工程です。しかし、間違った方法を実践している人は結構います。ぜひ本章を参考に、ご自身の洗顔方法を見直してみてください。

ダブル洗顔は必須！クレンジング剤と洗顔料の役割の違い

「クレンジング剤と洗顔料、両方使ったほうがいいんですか？」

ミドル層の方々からよく受ける質問です。私は「**クレンジング剤と洗顔料の役割は違うので、どちらも使ってください**」とお答えしています。あわせて、「食器洗い」を例にしたこんなお話もしています。

□クレンジング剤しか使っていない

この場合、肌は「油で汚れた食器をキッチンペーパーで拭き取って、そのまま食器棚

にしまっている」のと同じ状態です。拭き取ってはいるので見た目はきれいですが、実際には見えない食べもののカスや汚れ、また雑菌などがそのままになっています。

□洗顔料しか使っていない

この場合、肌は「水洗いだけして、ぬるぬるが残ったままの食器」と同じ状態です。キッチンタオルで水分を拭き取っても、油汚れを完全に落とすことはできません。

こういった状態の肌に化粧水や乳液を塗っても深部まで浸透しないので、ドライ肌が加速し、肌荒れを起こす可能性が高くなります。

クレンジング剤を使用しない理由として「メイクをしていないから」という声を聞きますが、メイクをしていなくても皮脂は毎日出ます。とくに夏は汗とともに皮脂の分泌も増えるため、洗顔料だけで皮脂汚れを落としきることはできません。

第2章で「スキンケア商品の役割」（71ページ）を紹介していますが、大事なことなので繰り返します。クレンジング剤と洗顔料はそれぞれ役割が違います。用途に合ったものを使うことが、すっぴん美肌をつくるコツ。ダブル洗顔を心がけてください。

□クレンジング剤の役割

メイクやほこりなどを落とすための「油溶性」のスキンケア商品。ベースメイクやファンデーションなど、化粧品には油分が多く含まれています。油汚れを落とす際には、同じ油を使うことできれいに落ちます。

□洗顔料の役割

顔全体の汚れを落とします。汗やほこりなど水溶性の汚れをきれいに取り除くことで、古い角質をはがれやすくします。

クレンジング剤はクリームタイプを選んで

化粧水や乳液同様、クレンジング剤と洗顔料もたくさんの種類があって、何を選んだらいいのかわからないという方も多いのではないでしょうか。そこで、ミドル層がクレンジング剤と洗顔料を選ぶ際のポイントを紹介します。

□クレンジング剤の選び方

オイルタイプは避け、クリームタイプやジェルタイプなど、マイルドなものを選ぶようにしましょう。オイルタイプは油分度が高いため、必要な皮脂までとってしまう恐

れがあります。また、年齢を重ねるごとに肌は敏感になっていきます。オイルタイプは刺激が強すぎて肌荒れを起こしやすくなるという理由もあります。

□洗顔料の選び方

「泡を転がすようにして洗う」が洗顔の鉄則です。泡をつくりやすい洗顔料を選ぶようにしましょう。泡のつくり方にはいくつか方法がありますが、おすすめの順に紹介します。

❶自分の手で泡をつくる

泡が細かいほど毛穴の汚れが落ちやすくなりますが、この方法が一番キメ細かい泡ができると思います。手のひらに洗顔料を適量とり、多めの水を加えてもう片方の手で円を描くように泡立てていきます。水を足して、さらに泡立てることで細かな泡ができます。

❷ 専用の泡立てネットを使う

①が上手にできない、もしくは面倒な場合は、市販の専用の泡立てネットを使いましょう。ネットに雑菌が繁殖しないよう使い終わったら必ず換気のいい場所で乾かし、洗顔前には水洗いをするなど、清潔に保つようにしてください。

❸ 泡タイプの洗顔料を使う

泡を立てるのが面倒な場合は、ポンプ式で泡が出てくるタイプの洗顔料を選ぶといいでしょう。

ダブル洗顔の必要がない「クレンジング剤入りの洗顔料」もありますが、前述した「オールインワン」同様、単体のものに比べて効果は落ちます。

毎日のスキンケアにおいて「時短」も大切ですが、とくに肌の状態が整うまでは「手間」はとても重要になってきます。できれば、旅行中などイレギュラーなシーン以外での使用はおすすめしません。

クレンジング剤も洗顔料も、さまざまな種類の商品が売られています。選択に迷ったときは「肌にやさしいもの」「自分のライフスタイルにマッチしたもの」を基準に選ぶといいでしょう。

肌の汚れが根こそぎとれるエイジング洗顔

ミドル世代がすっぴん美肌をつくるには、どんな化粧水や美容クリーム、パックを使ったほうがいいのか、つまり洗顔後のケアこそ重要だと思っている方が多いのではないでしょうか？

そもそもスキンケアとは、洗顔を含めたケアのことですが、洗顔がおろそかになっている方が多いように感じます。

私はつねづねお客さまに「**洗顔は肌を整えるための武器**」だと伝えています。

どうせならその武器をきちんと使いこなしたいですよね。

そこで、肌の汚れをきれいに洗い流すための「**エイジング洗顔**」をご紹介したいと思います。

洗顔の際に、いくつか気をつけてほしいポイントがあります。重要なことなのでしっかりインプットして、このあとに紹介する洗顔の正しいやり方を実践してください。

□「適量」を守る

スキンケア商品全般にいえることですが、使用する商品に記載されている使用量（適量）をしっかり守りましょう。多すぎると完全に洗い流せなかったり、少なすぎると泡が立たずに汚れを落としきれなかったりと、間違った洗顔をしてしまいます。

□気になる部分から洗い始める

クレンジングはポイントメイクから落としていきますが、洗顔は気になる部分から洗いましょう。洗い始めは「きちんと洗おう」という意識があるので、より丁寧に洗えるからです。とくに気になる部分がない場合は、凹凸のある目元や鼻周りなど、洗いムラの出やすい部分から洗うといいでしょう。

□ぬるま湯で洗い流す

夏は冷たい水、冬は熱めのお湯で洗顔する方もいらっしゃいますが、1年を通して32～35度のぬるま湯で洗顔するのが正解です。肌に刺激を与えにくく、かつ角質がはがれやすい適切な温度です。

□クレンジング剤や洗顔料は20～30回洗い流す

クレンジング剤は20回、洗顔料は30回を目安に洗い流してください。思っている以上に回数は多いと思います。実践してみると、いつもの回数がかなり少なかったことに気づくはず。10回程度の洗い流しでは、クレンジング剤や洗顔料が肌に残ってしまいます。きちんと回数を数えながら洗い流すようにしましょう。髪の毛の生え際や、小鼻の横などは洗顔料が残りやすいので鏡で見てチェックしてください。

□洗顔後はタオルをやさしく当てて水気を拭き取る

洗顔後に顔を拭く際、絶対にタオルでごしごしこすらないでください。せっかく摩擦レスで洗顔したのに、ここで摩擦を与えてしまってはもったいないです。タオルをやさしく押し当てるようにしましょう。

□タオルは毎日交換する

洗顔用のタオルは毎日交換してください。きれいに洗ったあとの肌を拭いているのだからタオルは汚れていないと思うかもしれませんが、水気を含んだタオルは雑菌が繁殖しやすくなります。正しい洗顔を行っても、雑菌を含んだタオルで顔を拭いてしまっては元も子もありません。

□ときどき「エイジング洗顔の正しいやり方」を見直す

最初は意識して洗顔をしていても、慣れてくるとつい自己流へと勝手に変えてしまいがちです。ときどきこれまで紹介してきたポイントと、次ページで紹介する「エイジング洗顔の正しいやり方」をチェックすることで、すっぴん美肌をキープしやすくなります。

すっぴん美肌をつくる！

エイジング洗顔の正しいやり方

1

髪の毛が顔にかからないよう、ヘアバンドや髪ゴムでまとめておきましょう。髪の毛を気にして洗顔が適当になってしまうケースは意外に多いもの。この準備は重要！

2

ポイントメイクリムーバーで口紅やアイシャドウなどのポイントメイクを落とします。

リムーバーでひたひたになったコットンを目元にそっと置き5～10秒程度キープしたら、コットンを下にすべらせてメイクを拭き取ります。

目頭や目尻などの細かい部分には、綿棒を使うのがおすすめ。

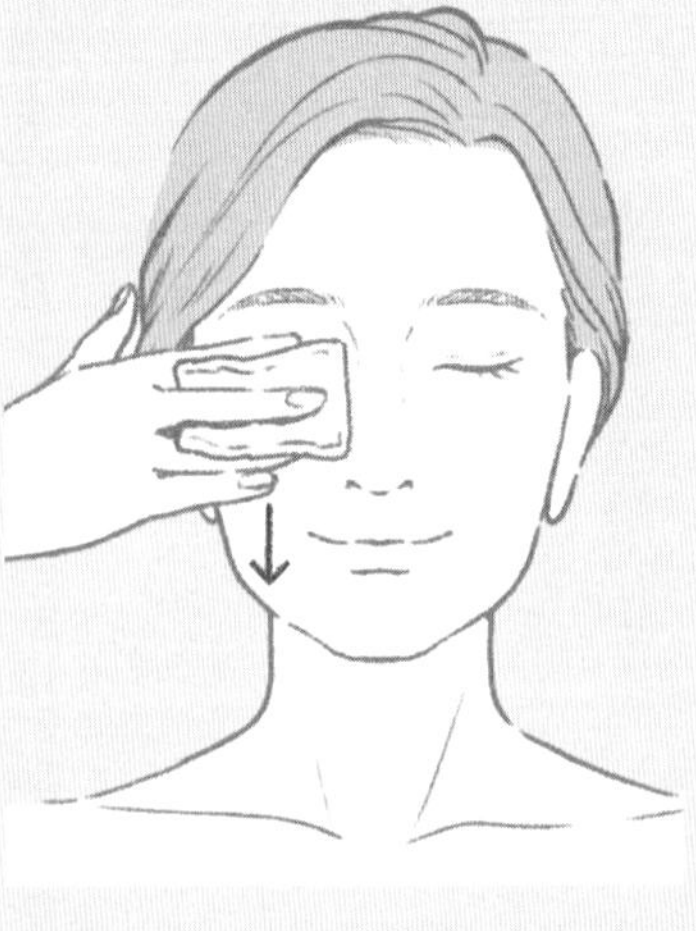

3

クレンジング剤を顔全体に馴染ませます。目元や鼻周り、口元など凹凸部分は洗いムラが出やすい箇所です。鏡を見ながら行う習慣をつけて。

4

下から上、内から外に、両手の指（面）でやさしく肌をなでるように汚れを落としていきます。時間は1〜2分。指を動かす方向を逆にすると肌のたるみにつながるので注意！

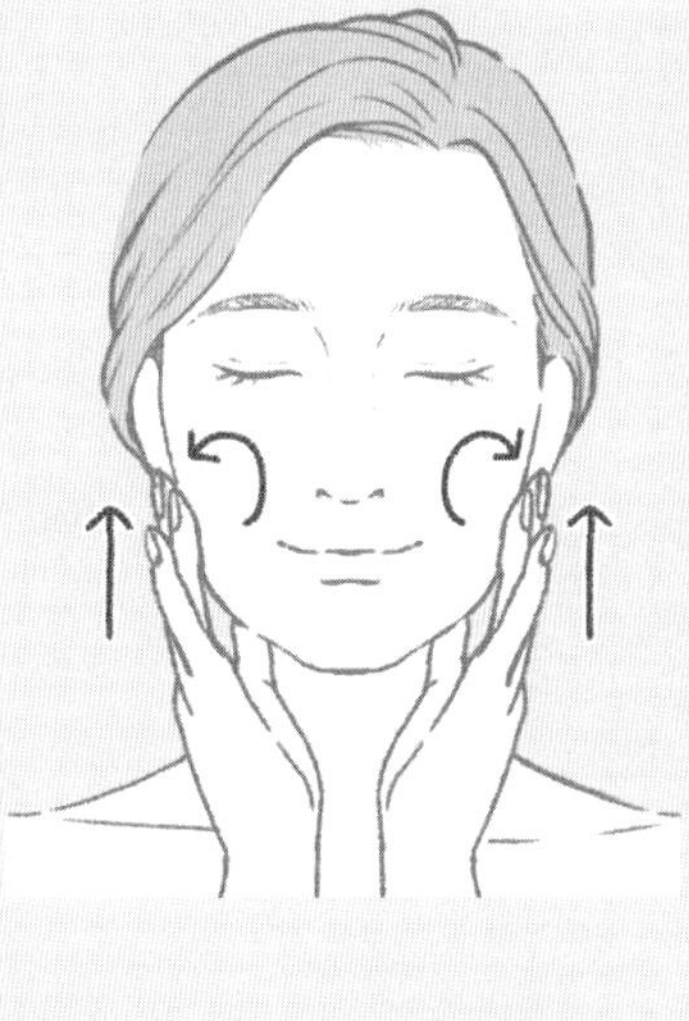

5

ぬるま湯でクレンジング剤を流します。目安は20回。凹凸がある部分や髪の毛の生え際はクレンジング剤が残りやすいので鏡を見てチェック。

6

タオルで軽く水気をとったら、適量の洗顔料を手やネットで泡立てます。泡タイプの洗顔料は適量を手のひらにとります。

7

気になる部分から泡立てた洗顔料をつけてやさしく洗っていきましょう。ポイントは、指で泡を転がすようにして洗うこと。指が直接肌に触れないのが正しいやり方です。クレンジング同様、動かす方向は下から上、内から外。

8

ぬるま湯で洗顔料を流します。目安は30回。洗顔料の洗い残しは肌荒れを招きます。きちんと洗い流すためにはこのくらいの回数が必要。

9

手で触ってぬるぬるしているところがないか、また鏡を見て肌に泡が残っていないかをチェック。

10

きれいに洗い流せたら、やさしく顔にタオルを当てて水分を拭き取ります。ごしごしこすらないように注意。

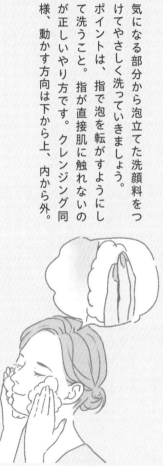

今の洗顔方法を見直してみよう

朝は水だけで洗顔していませんか？

朝晩の洗顔は欠かさないけど、洗顔料を使うのは夜だけで、朝は水のみで簡単に顔を洗っている方は結構います。これはＮＧ。

朝の洗顔も、洗顔料を必ず使うようにしましょう。

皮脂は睡眠中にも分泌されます。また、寝返りを打ったりすることで、顔にほこりやちりが付着します。皮脂やほこりは水だけでは取り切れず、肌荒れを起こしたり、ターンオーバーが乱れる原因にもなります。

朝は時間との戦いなので面倒かもしれませんが、このひと手間でメイクのノリや顔色がよくなります。それをモチベーションに、ぜひ習慣にしてみてくださいね。

最後に冷水で毛穴がひきしまる説はウソ？ ホント？

お客さまから相談される悩みの1つに「毛穴の開き」があります。改善策として、「洗顔は基本的にぬるま湯だけど、最後は冷水で肌をひきしめる」を実践しているというお話を聞きます。これはＮＧ。

冷水だけでは、根本的な毛穴のひきしめにはつながりません。

一時的にはひきしまるかもしれませんが、皮膚の温度が戻るとともにまた毛穴は開いてしまいます。また温度差は肌にストレスを与える可能性があり、乾燥につながる場合もあります。

毛穴が開いてしまう原因はさまざま。乾燥やエイジングによるたるみ、毛穴に汚れが詰まっているなど、多くの理由で毛穴は開いてしまいます。原因を突き止め、それに合った対処をしない限り根本的な改善は望めません。

毛穴の開きを改善するには、まず日々のエイジングケアを正しく丁寧に行うように心がけましょう。それでも改善しない、もしくはどうしても気になる場合は、皮膚科など専門家に相談し、原因を突き止めることをおすすめします。

シャワーで洗顔料を洗い流していませんか?

1日の汚れと疲れをとり、心身を癒してくれるバスタイム。お風呂の中でゆっくりと洗顔をする方も多いと思います。その際、顔に直接シャワーのお湯をかけていませんか?

これは絶対にＮＧです。

皮膚の薄い顔にシャワーの水圧は強すぎるため、毛穴が開く原因になります。

蛇口や桶からお湯をすくい、手でクレンジング剤や洗顔料を洗い流すようにしてください。

拭き取りメイク落としは本当に疲れたときだけ！

シートで拭き取るタイプのメイク落としはとても便利ですが、ミドル層にはあまりおすすめできません。シートにひたされたクレンジング剤だけでは肌の奥まで浸透しにくく、しっかり汚れをとることができないからです。そして、それ以上に問題なのがこれです。

摩擦が起こり、肌に負担がかかるため、ドライ肌を加速させます。

水分も油分も少ない肌に摩擦を与えると、多くの肌トラブルを引き起こす原因になります。

シートタイプの使用は、疲れがMAXのときや、出張・旅行先で時間がないときなどに限定しましょう。

家に帰ったら即洗顔！

寝る前の洗顔はすっぴん美肌をつくるために必要不可欠です。でも、疲れて寝落ちしてしまったという経験は誰にでもあると思います。

かくいう私も、疲れすぎてメイクを落とさず寝てしまったことが何度もあります。朝起きて鏡に映る荒れた肌を見てショックを受け、後悔が襲ってくる……そんなことを繰り返していた時期がありました。

肌荒れは心のダメージにつながります。そのダメージがさらに肌荒れをひどくし、より気分が落ち込む、という悪循環に陥っていきます。

「これじゃいけない！」と一念発起した私が始めた防止策が、「家に帰ったら、まっすぐに洗面所へ向かいスキンケアをする」ことです。

一度、ソファに座ってしまうと「気づいたら朝だった……」となるのはわかっていたので、何を置いても肌のケアをするようにしたのです。

これを意識してからは、メイクをしたまま寝てしまうことはなくなりました。肌の調子はよくなり、後悔から1日が始まることもなくなりました。


「**洗顔は肌を整えるための最大の武器**」です。

洗顔をせずに化粧水や乳液を塗る人はいないと思いますが、洗顔をしてしまえばその先の化粧水や乳液を塗る工程は自然とついてきます。

スローエイジングの基本は無理をしないことですが、**洗顔だけはがんばりましょう**。翌朝に「またメイクしたまま寝ちゃった……」と後悔するよりも、「疲れてたのに、ちゃんとメイクを落としてスキンケアした私はえらい！」とプラスな気持ちで眠りについてください。

それが肌の回復力を高め、あなたに「すっぴん美肌」という最高のご褒美をくれます。

すっぴん美肌 column

いつまでもきれいでいたい気持ちはいくつになっても

私が美容の世界に興味を持ったのは、私をとてもかわいがってくれた祖母の認知症の発症がきっかけでした。もの忘れや言い間違えなどは増えましたが、私は祖母とおしゃべりをするのがとても好きでした。

よく祖母のデイサービスにも付き添っていました。デイサービスではいろいろなイベントが開催されており、七夕の時期には笹が飾られていました。たくさんの短冊の中から祖母のお願いごとを発見したときの衝撃は今でもはっきりと覚えています。短冊にはこう書かれていました。

「いつまでもきれいでいたい」

記憶があいまいになっていく中でも、「女性として美しくありたい」と願う祖母の思いに私は胸を打たれました。そして「美しさを追究する仕事に関わってみたい」と美容の世界に興味を持ったのです。

祖母が書いた一言で、私は美容の世界に足を踏み入れました。

そこで、恩師となる一人の女性との出会いがありました。

笑顔がとても素敵だった恩師からは、美容の技術や知識だけではなく、「美容を提供する心構え」や「どんな女性も、何歳からでもきれいになれる」ことを教えていただきました。

まずは、自分自身がきれいになる、仕事を楽しむ、そして笑顔でいる！

これをモットーに美を追求し続けられているのは、恩師のおかげです。

正直、美容の世界は〝華やかで楽しい〟ことばかりではありません（もちろん、どんなお仕事もそうだと思いますが）。これまで、大変なこと、壁にぶち当たったこと、理不尽に思えることなど、たくさんありました。想像していたイメージとのギャップを感じながらも、多くのお客さま、そして仲間たちとの出会いによって貴重な経験をさせていただき、私は成長できたと思っています。

そして現在、多くのお客さまに「いつまでも美しく、輝く人生を送っていただきたい」という思いで、日々、仕事と向き合っています。フェイシャルケアリストは、本当に素晴らしい仕事だと思っています。

第4章

「しみ・くすみ」を予防して透明肌をつくる

しみの原因は「光老化」!?

こんにちは。あれ？ ななこさん、肌が明るくなりま…
え〜〜？ そうですか!?
どやあぁ
まぁ、そんな気はしてたんですけどぉ〜！
ただ、逆にしみが目立ってきた気がするんです…
やれやれだぜ…
はぁ…
肌のトーンが明るくなったのでそう感じるのかもしれませんね
どうしたらいいですか!?
最近は「美白ブーム」ですが、以前は小麦色の肌が流行っていましたよね
ん？ そうですね！
私の時代はとくに小麦色の肌が健康的でかっこいい女性の象徴でした
夏は海で日焼けするのがほんと楽しかったな〜!!
なつかし〜
青春時代ですね 当時、肌トラブルはなかったですか？
ないない！

夏が終わって秋になればしみにもならず、自然と元の白さに戻ってました
だから、冬はわざわざ日焼けサロンに行ってたくらいです
焼くぞ〜♪
日サロにも行ってたんですか？
1年中小麦色の肌を維持したかったんで…
今はあの頃に比べたら全然日に当たってないのになんでこんなにしみができるんだろう？
はあ…
若い頃の日焼けの影響って、回復力が低くなったミドル世代になってから出てくるんですよ
えっ!?
長年、太陽＝紫外線を浴び続けたことによってしみやしわ、たるみが出やすくなるんです
光老化
「光老化」と言います
紫外線が肌によくないのは知ってるけど
しみやしわ、たるみが出やすいかどうかはこれまでの蓄積ってことですか？
あわ
あわ
グサッ
そうですね影響します
うっ
でも、きちんとお手入れをすれば…

しみを薄くしたり
しわやたるみを
改善することは
できるのでご安心を
ほっ
そのためにも、
毎日のお手入れと同時に
日焼け止めはきちんと
塗ってくださいね！
わかりました！
夏になったら
ちゃんと塗ります！
いえいえ！
出かけるときは
1年中日焼け止めを
塗ってください
えっ、1年中ですか!?
でも、
日差しが強い時期って
夏ですよね!?
夏は紫外線がもっとも
強い季節ですけど、
5月頃からかなり量が
増えます
1 2 3 4 5 6 7 8 9 10 11 12
それに、1年を通して
紫外線がゼロという
時期はありません
とくにしみが
気になるなら、
日焼け止めは
必須です！
UV
はいっ!!
明日から
塗ります!!
イエッサー！

それともう1つ。ブルーライトにも気をつけてくださいね！
ん？スマホとかパソコンの光ですか？
やあ
そうです
ブルーライトは紫外線に似た性質を持っていて、
ボクたち似てるねーっ
長時間当たるとお肌に悪影響があるんです。
ブルーライトをカットするメガネをかけたり、なるべく画面から離れて見るなど
ちょっとした工夫もすっぴん美肌づくりに効果的ですよ！
へ〜!!知らなかった!!
メモ
メモ
ファイト！
ななこさん、最近肌の調子もどんどんよくなってるし、自分の肌と向き合っているのがよくわかります
でも、ほどほどに頑張りましょうね。ストレスはお肌の大敵ですよ！

実年齢より上に見られるエイジングポイント

「最近、顔色悪いけど大丈夫？」といわれたり、「ファンデーションが浮いて見える気がする……」と感じたりすることはありませんか？　これは、エイジングによって肌のトーンが下がったせいです。

肌のトーンが下がって見える原因はしみやくすみにあります。これらが増えると、顔全体が黒ずんで見えて暗い印象を与えるため、実年齢よりも上に見られがち。使っていたファンデーションの色味が合わなくなって、顔が白く浮き上がって見えてしまう原因もしみやくすみにあります。

また、お客さまから、真面目な顔で「梅原さん、私、これからもずっとマスクをつけたままでいたいです。マスクをとった途端に、『最近、忙しいの？　なんだか疲れた顔してるね』っていわれるんです。案に老けたっていわれている気がして……」といわれたことがあります。

たしかに、マスク生活が長かったことによる肌への刺激や、話す時間（口を動かす）が減った、表情の変化が乏しくなったなどの理由から、たるみなどのエイジングが加速している人は多いようです。

このように実年齢より上に見えるポイントには「しみ・くすみ・しわ・たるみ・むくみ」の５つがあります。これらのポイントを予防することでも顔の印象はずいぶん変わります。

本章では、まず肌の透明感に影響する「しみ・くすみ」についてお話しします。

エイジングを加速する紫外線

しみやくすみの原因はいくつかありますが、最大の敵は「紫外線」です。

肌エイジングのじつに8割が紫外線によるもの。紫外線が肌に悪影響をおよぼすことは多くの人が認識していると思いますが、間違ったケアをしている人は思いのほか多いように感じます。

紫外線の肌への影響は「強さ」と「時間」によって変わります。

もっとも紫外線が強い時期や時間帯に長時間、太陽の下にいることで肌エイジングは進みやすくなります。

20代までは肌代謝（ターンオーバー）のおかげで、そこまでダメージを感じることはありません。しかし、**紫外線は肌の表面だけでなく細胞にまでダメージを与えます**。そのダメージは回復力が弱くなったミドル層になって、しみやくすみといった形で表面化するのです。年齢を重ねれば物理的に紫外線を浴びた時間が蓄積されるため、さらに肌トラブルは加速していきます。

若い頃に好んで日焼けをしていた方は「ドキッ」としたかもしれませんが、これからしっかりとケアをすることで、すっぴん美肌をつくることは可能です。しみやくすみが薄くなったり、今後しみができにくくなったりと、透明感のある美肌を手に入れるためにも、今日から正しい紫外線対策を取り入れてみてください。

しみ予防は「春から」が肝心

日焼け止めを塗るなど、7月～8月の真夏に紫外線対策をしている人は多いと思います。昨今の温暖化により、9月まで残暑とはいえない真夏のような気候が続くので、日焼け対策を継続している人も少なくないでしょう。そのため、この時期の紫外線対策について改めていう必要はないかもしれません。

大切なのは、それ以外の時期の紫外線対策です。次のページのグラフを見てください。気象庁が発表した紫外線の強さ（UVインデックス）を月別に表したものです。

気象庁によると、UVインデックス「中程度」～「強い」（3～7）は、「日中はできるだ

1年間の紫外線の強さの推移

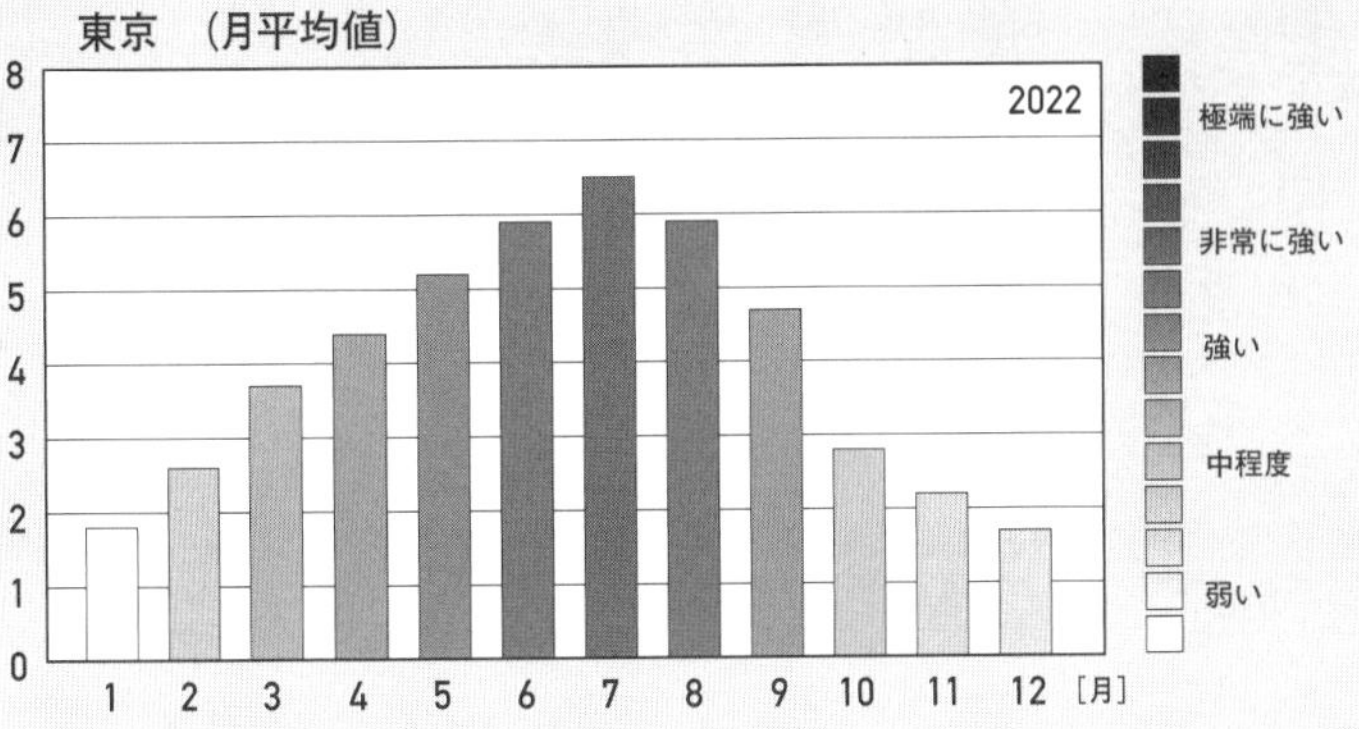

(気象庁調べ／東京の2022年月平均)

け日陰を利用」「長袖シャツ、日焼け止め、帽子を利用」することが推奨される紫外線の強さです。２０２２年の場合、１年の４分の３（９か月）が「中程度」～「強い」レベルなのです。

とくに５月からは例年、「強い」にどんどん近づいていきます。

春は夏に比べてそれほど日差しが強くないため、つい紫外線対策を忘れがちですが、もっとも紫外線を意識するべき時期が「春」なのです。

1年を通して日焼け止めを塗るのがベター

外出の際、みなさんはどのような紫外線対策をしていますか？　なるべく肌を出さない、日傘をさす、帽子を被るなど、さまざまな方法があります。

時期にあわせてこれらの対策をしたうえで、日焼け止めを塗ることは必須です。できれば外出の際は、1年中日焼け止めを塗ることをおすすめします。紫外線は弱いか強いかの違いだけで、1年を通してゼロになることはないからです。

5〜9月は、近くのスーパーに買い物に行くときやごみ捨てに行くとき、さらにいえば洗濯物や布団を外に干すなどのちょっとした時間でも日焼け止めを塗るようにすることで

1日の紫外線の強さの推移

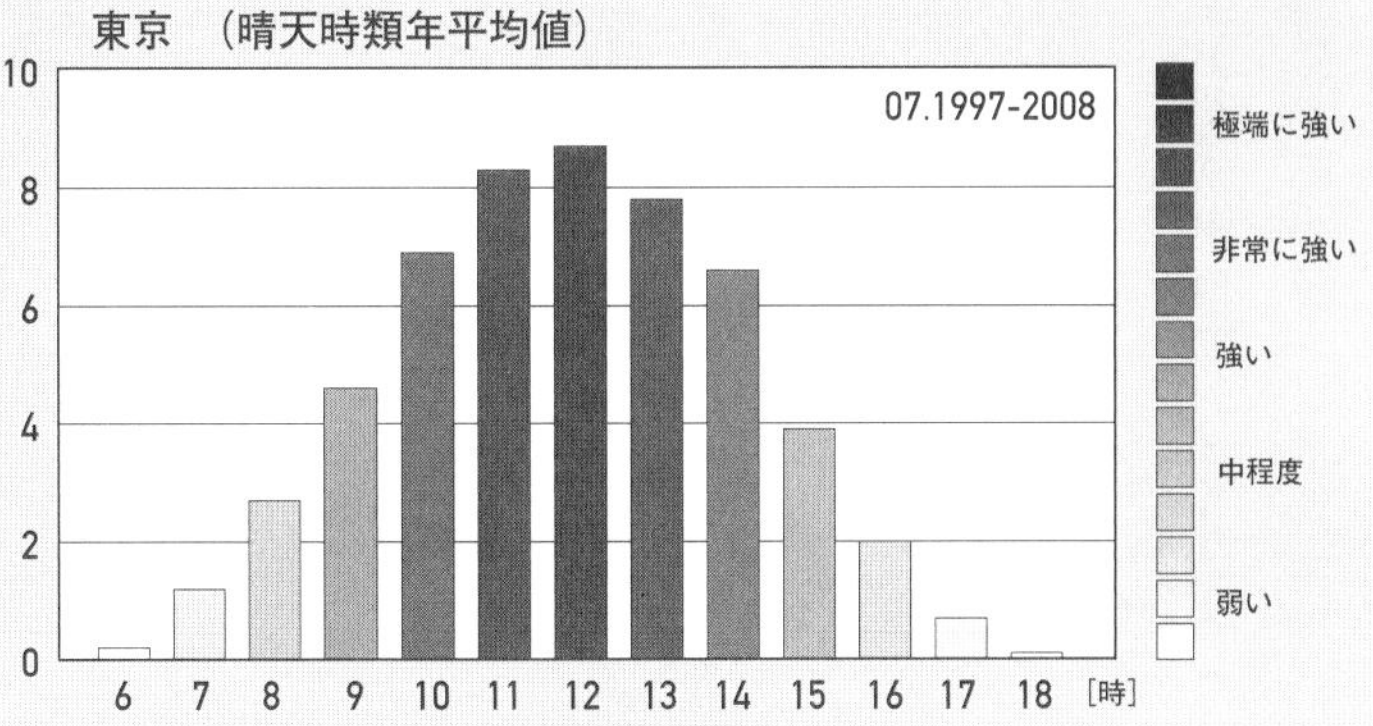

(気象庁調べ／東京の2022年月平均)

※各地点の晴天時UVインデックスを1997年から2008年までの期間について平均化した時別グラフです。UVインデックスは、衛星による上空のオゾン量などを用いて計算しています。

肌トラブルを防ぐことができます。

長時間、屋外にいる場合は日焼け止めを持ち歩いてこまめに塗り直しましょう。冬の紫外線が弱い時期や外出時間帯によっては、日焼け止めを塗る回数を減らしても大丈夫です。

上のグラフは1年で一番紫外線の強い7月のUVインデックスの1日の推移を表したものです。11時～13時がもっとも紫外線の強い時間帯であることは1年を通して変わりません。紫外線が弱い時間帯に洗濯をしたり、買い物に出かけたりするなどの工夫も、肌エイジングをゆるやかにするポイントです。

肌への影響が異なる2種類の紫外線がある

肌にダメージを与える紫外線には、「紫外線A波」（UVA）と「紫外線B波」（UVB）があります。それぞれ、肌に与える影響が異なります。日焼け止めの選び方にも影響してくるので覚えておきましょう。

□紫外線A波（UVA）

紫外線A波は紫外線B波よりもエネルギーは弱いのですが、肌の奥まで浸透して真皮層にあるコラーゲンやエラスチンを徐々に破壊していきます。これによって乾燥が加

速します。メラニン色素を酸化させるはたらきもあるため、しわやくすみにもつながります。また、A波は窓ガラスも通り抜ける特徴があるので、紫外線が強い日は家の中でもカーテンを閉めたり、窓に近づかないといった工夫が必要です。

□紫外線B波（UVB）

紫外線B波はエネルギーが強く、肌の表面の細胞にダメージを与え炎症を起こします。日焼けで肌が赤くなるのはB波の影響です。しみになるだけでなく皮膚がんの原因にもなりますが、日焼け止めを塗ることで予防できます。

日焼け止めを選ぶときのポイント

みなさんは何を基準に日焼け止めを選んでいますか？　本来、日焼け止めは季節や時間帯、それぞれの体質によって使い分ける必要があります。日焼け止めを選ぶポイントはいくつかあります。意外と知らない方も多いので、ぜひ参考にしてください。

「SPA」と「PA」を選ぶポイント

日焼け止めを選ぶ際にもっとも基準としやすいのが、ＳＰＡとＰＡの数値です。数字が大きいほど、＋が多いほど、紫外線をブロックする力が強くなります。ただし、それらが

高くなるほど肌への負担も大きくなります。日差しの強い夏はどちらも高め、日差しが弱い時期は低めにするなど、紫外線の強さに合わせて使い分けることをおすすめします。

□ＳＰＡ

・紫外線Ｂ波を予防するための値
・防止効果は数字で表され、最大は「ＳＰＡ50＋」

□ＰＡ

・紫外線Ａ波を予防するための値
・防止効果は＋で表され、最大は「ＰＡ＋＋＋＋」

「紫外線吸収剤」と「紫外線散乱剤」を選ぶポイント

どちらも紫外線をカットしてくれる成分のことです。日焼け止めにはどちらか、もしくは両方が配合されています。夏は紫外線吸収剤もしくは両方使用しているものを、紫外線が弱い時期や肌が弱い人は肌への刺激が少ない紫外線散乱剤のみを使用している日焼け止めを使うなど、使い分けてください。いずれにせよ、肌に合わなかったら使用をやめ、別の日焼け止めを試してみることをおすすめします。

□紫外線吸収剤

・化合物が紫外線を吸収し、熱エネルギーに変えて放出
・オクチノキサート、オキシベンゾンなどの化合物を使用
・紫外線防御率が高い
・肌への負担が大きい

□紫外線散乱剤

・紫外線を跳ね返し、皮膚に紫外線が届くのを防ぐ
・酸化チタン、酸化亜鉛などの化合物を使用

・吸収剤より紫外線防御率が低い
・肌への刺激が少ない

「ウォータープルーフ」と「ウォーターベース」を選ぶポイント

日焼け止めにはクリーム、ミルク、ローション、ジェル、スプレーなど、さまざまなタイプがあります。さらに、これらは油分がベースの「ウォータープルーフ」か、水分がベースの「ウォーターベース」に分かれ、日焼け止めの耐久性に影響します。夏など汗をかきやすい季節はウォータープルーフを使用し、それ以外はウォーターベースを使うなど、使い分けましょう。

□ウォータープルーフ

・油分の中に水分が混ざっている
・汗や皮脂が増えても落ちにくい

・ベタつき感や塗っている感がある
・ジェルタイプ、クリームタイプ、ミルクタイプ、スプレータイプなど

□ウォーターベース

・水分に油分が混ざっている
・汗や皮脂で落ちやすい
・伸びがよくさらっとしている
・ローションタイプ、ミルクタイプ、スプレータイプなど

UV化粧下地やボディ用での代用はNG

日焼け止めを兼ねた化粧下地もありますが、できれば日焼け止めと化粧下地はそれぞれ専用の商品を使ってください。役割が異なるものが1つになっている商品は、すべての効果が下がってしまうからです。また、ボディ用の日焼け止めを顔に塗るのもNG。顔の皮

膚は薄くて繊細なので、ボディ用は刺激が強すぎて肌荒れの原因になります。

日焼け止めにアレルギーのある人はしっかりメイクと小物でケア

前述したように、日焼け止めには紫外線吸収剤や紫外線散乱剤が入っているため、肌の弱い人はアレルギー反応を起こし使用できないことがあります。日焼け止めの使用が難しい場合は、しっかりとファンデーションを塗ってメイクをし、さらに帽子や日傘、サングラスなどの小物を活用して紫外線対策をしてください。UV加工してある日傘やサングラスは使用するうちに効果が減少していくので、シーズンごとに買い替えることをおすすめします。

日焼け止めの正しい塗り方

環境やご自身に合った日焼け止めを選んだら、正しく使用しましょう。間違った使い方をすると効果は半減してしまいます。すでに正しく使えている方もいると思いますが、一旦これまでの使用方法を見直してみてください。

□3つの基本ポイント

地下室やカーテンの閉まった部屋から一歩も出ないといった生活でない限り、完全に紫外線を避けることはできません。そのため、出かける際には日焼け止めを塗る習慣をつけましょう。日焼け止めの基本ポイントは、「毎日」「適量」「こまめ」の3つ。たくさん塗ればいいというものではありませんし、少なすぎても効果は期待できません。商品ごとの適量をきちんと守ってください。

□日焼け止めの塗り方

適量の日焼け止めを、額、両頬、鼻、顎の5点に置き、手のひらを使って顔全体にのばしていきます。凹凸がある部分や生え際、まぶたの上などは塗り忘れることが多いので要注意。また、顔と首の色に違いが出ないように、首全体にも日焼け止めを忘れずに。首も顔用の日焼け止めがおすすめです。

□メイクの際に日焼け止めを塗る順番

日焼け止めは、化粧下地の前に塗ります。日焼け止め→化粧下地→ファンデーションの順番です。日焼け止めも化粧下地もファンデーションもリキッドタイプを使用すると、肌が呼吸できないような重い感じを受ける方は多いかもしれません。解決方法として、日焼け止めを塗ったあとに一度軽くティッシュオフをしてあげるといいでしょう。余分な油分をとってから化粧下地とファンデーションを重ねることで、重たい感覚は減少します。

□日焼け止めを塗り直すタイミング

紫外線を浴びるのは通勤時や買い物時だけで、日中ほとんど屋内にいる場合は3～4時間を目安に塗り直しましょう。屋外に半日以上いる場合や夏の暑い時期は、2～3時間おきに、こまめに塗り直してください。

□メイクの上から日焼け止めを塗り直す方法

❶顔全体に乳液やオールインワンなどを塗り、浮いたり落ちかけたりしている日焼け止めやファンデーションをティッシュで軽く押さえます。

❷乳液やオールインワンなどで保湿します。

❸日焼け止めか日焼け止め効果のある化粧下地を塗ります。

❹日焼け止め効果のあるパウダーかパウダーファンデーションで軽く押さえます。

大量に紫外線を浴びたあとの対処法

日焼け止めは紫外線から肌を守ってくれますが、100%カットしてくれるわけではありません。過剰に紫外線を浴びると、細胞が肌を守ろうとしてメラニンを大量発生させます。メラニンは放っておくと皮膚の表皮や真皮に色素沈着を起こし、しみやくすみの原因になります。

肌が赤くなるなど、いつも以上に紫外線を浴びてしまったあとは早急に対処してください。

❶冷やしてから洗顔と保湿をする

日焼けはやけどと同じです。まずは冷やすことが肝心。冷却まくらや保冷剤を包んだタオルなどを患部に当て、火照りをとりましょう。火照りがとれたら洗顔をして化粧水や乳液でしっかり保湿してください。火照りがとれない場合は、自己判断で対処せずに皮膚科など専門家の診察を受けてください。

❷ビタミンCを摂取する

しみを予防するためには、内と外からのビタミン摂取が効果的です。日焼けした肌にビタミンC誘導液（美容液）を塗ったり、ビタミンCの入ったサプリや果物を食べたりするのもいいでしょう。

❸身体の代謝をアップする

日焼けをしたあとは、身体全体の代謝をあげることも大切です。ゆっくりとお風呂に入ったり、軽い運動をしたり、マッサージしたりすることもおすすめです。同時に、たっぷりの水分補給も忘れずに。スローエイジングのためには日頃から代謝アップを心がける必要がありますが、日焼けをした日はもちろん、日焼けしたあとの数日間はとくに意識してください。

紫外線のダメージは長年の積み重ねによって表面化します。「今」ケアをすることが「未来」のすっぴん美肌につながることを意識して、正しいお手入れを心がけてください。

1日2回のエイジングチェックを習慣にしよう

正しいスキンケアや紫外線対策だけでも、しみやしわ、たるみは改善しますが、より効果的なスローエイジングを目指したい方は、スキンケア以外のエイジングケアも取り入れてみてください。

次の章からは「しわ・たるみ・むくみ」についてお話しします。

たるみを気にしていたお客さまに、第5章で紹介するケア方法をお教えしたところ、3か月ほどでフェイスラインがすっきりして若々しい印象になりました。ご自身も、目に見える変化がうれしかったのでしょう。「教えてくれて、ありがとうございました！」と満面の笑顔をいただきました。いつも私が「この業界で、がんばってきてよかった」と喜びをかみしめる瞬間です。

しわ・たるみ・むくみは習慣も影響する肌トラブルです。「毎日、きちんとスキンケアをしているのにエイジングが加速している気がする……」と感じる場合は、それらを見直してみましょう。

たとえば、仕事などに集中しすぎて同じ姿勢が続いたり、呼吸が浅くなったり、歯を食いしばっていたり……。こういったちょっとしたことの積み重ねが、エイジングを加速させる原因になります。

また、無意識に鼻や頬を触ったり、くちびるをなめる癖も肌によくありません。摩擦でドライ肌が進行してしまうので避けたいところ。パソコンなどで目を酷使しているうえにまばたきが減少すると、目の周りの筋肉が衰えてしわやたるみの原因になることもあります。

無意識に行っている癖や毎日の習慣を改善するために、「エイジング予防チェック」をしましょう。職場や自宅の壁、デスクなど目につきやすい場所に貼って、1日2回を目安にチェックすることを習慣化してください。

1日2回!
エイジング予防チェック表

	YES	NO
眉間にしわを寄せている	□	□
歯を食いしばっている	□	□
無意識に顔を触っている	□	□
くちびるをなめている	□	□
お水を飲んでない	□	□
1時間以上同じ姿勢をとっている	□	□
呼吸が浅くなっている	□	□
メイクが崩れている (メイク崩れは乾燥のサイン)	□	□
まばたきをしていない	□	□
無表情になっている	□	□

1つでもYESの項目があったら、意識して見直すようにしましょう。

次章では「しわ・たるみ・むくみ」の3つのエイジングポイントが加速する原因とスキンケア以外の予防方法を紹介します。実践することで、YESの数が減っていきます。すべての項目がNOになったとき、あなたの肌トラブルは以前よりも減っているはずです。

第5章

「しわ・たるみ・むくみ」のスローエイジング対策

老け顔が加速する
クセや習慣

なんかいつも怒った顔してます
クセによってしわができやすい部分はありますよね
でも、しわをつくらないために笑わないなんて、悲しくないですか？
はい…
正直、笑わないと気が滅入ります
ドヨ〜ン
じゃあ、すぐにやめましょう！
ななこさんの笑顔、とても素敵なのでどんどん笑ってください
!!
はいっ！
えへへっ
大きな声では言えませんが…
スキンケアよりも毎日笑って暮らすほうがずっとお肌にはいいんですよ
そうなんだ！
私、毎日笑顔でスキンケアを続けたいです！

素晴らしい!!
ずいぶん前向きになりましたよね！
パチパチ
少しずつ効果が見えてくると本当に楽しくなってくるんですね
素晴らしい!!
あ、梅原さん、もう拍手大丈夫です
もちろん、まだまだ気になる部分はたくさんあるし、
この笑いじわもなんとかしたい！
そうですよね。老け顔に見えるポイントは
しみ
くすみ
しわ
たるみ
むくみ
の5つです
どれにも共通する予防・改善策として一番重要なのは、
保湿
イッツミー
しっかり保湿をすることで、笑いじわも薄くなってきますよ！
やっぱり保湿なんだ…
ほ〜
ミドル世代のエイジングケアは、何を置いても「保湿」です
それと、クセや習慣を見直すのも効果的です。
誰でも悪いクセや習慣ってあるんですよね

さっきの眉間にしわを寄せるとか?
そうです
無意識に歯を食いしばっている人もいます
ギュッ
歯を食いしばると顔の筋肉が硬くなってほうれい線が目立つことがあるんですよ
私、マッサージに行くといつも肩に力が入ってるって言われます!!
肩の力抜いて〜
でも、抜き方がわからないんです
まずは、そういったクセや習慣に気づくことが大事です
老け顔に見える5つのポイントも原因はさまざま
しみ
くすみ
しわ
たるみ
むくみ
どんな習慣が老け顔を招きやすいのか、
スキンケアと同時に、習慣やクセの見直しもおすすめです!

エイジングじわの原因はたるみにある！

目尻やおでこ、ほうれい線など、しわが気になる方は多いと思いますが、しわには大きく分けて3つの種類があります。

□乾燥じわ……目の下のちりめんじわ、額の横じわ　など

乾燥じわは、皮膚の潤いがなくなることでできるしわです。冬など空気が乾燥する季節に突然現れたしわは乾燥じわであり、早急に正しいスキンケアをすることで改善します。

□表情じわ……目尻の笑いじわ、眉間の縦じわ　など

表情じわは、日頃の表情の癖が原因でできるしわです。笑顔が多い人は目尻に笑いじわができやすいし、パソコンに向かう時間が長い人や目が悪い人などは眉間に力を入れる癖があるので眉間じわができやすくなります。癖を見直すことで改善しますが、幸せのシンボルでもある笑いじわは重点的にスキンケアをしたり、第6章で紹介するマッサージをすることで改善できます。

□エイジングじわ……ほうれい線、鼻の下や首にできるしわ　など

エイジングじわは、文字通り年齢を重ねることでできるしわです。前記の2つも年齢を重ねることによって深くなっていきます。早い段階で改善しないと、エイジングじわへと変わっていきます。つまり、エイジングじわの原因も乾燥や癖といえます。

そしてもう1つ、エイジングじわならではの原因が「たるみ」です。

第2章でお話ししたように、人間の肌は「表皮」「真皮」「皮下組織」の3層で構成され

ています。真皮層にある、コラーゲンやエラスチンといったたんぱく質によって、肌のハリや弾力は保たれています。しかし、乾燥、紫外線といった外部からの刺激やエイジングでたんぱく質が減少すると肌の弾力が失われ、たるみとなって表面化します。さらに、顔の筋肉が減少して皮膚がたるむことで、しわができてしまうのです。

つまり、エイジングじわの改善には、たるみの改善が必須。

たるみを改善するには、まずは「保湿」と「紫外線対策」ですが、しわ同様に癖や習慣が原因のケースもあります。たとえば、スマホの見すぎや奥歯のかみしめなどがあげられます。下ばかり向いていると、重力の影響でたるみやすくなるので注意しましょう。

長年積み重ねられてきた癖や習慣によって顔の筋肉が硬くなっている人はたくさんいます。癖や習慣を見直すと同時に、顔の筋肉をしっかりと動かしてあげることも大切です。

むくみの改善は生活習慣の見直しから

年齢よりも上に見られがちなもう1つの要因が「むくみ」です。お酒を飲みすぎたり、塩辛いものを食べすぎたりして、目の周りやフェイスラインのむくみが気になったことはありませんか？　しかも、年齢を重ねるにしたがって、むくみがとれにくいと感じている人は多いのではないでしょうか。

むくみの原因は、味の濃い食べものが好きといった食生活や、運動不足、睡眠不足、冷えなどによって、体内の血液や水分のめぐりが悪くなることです。冷え性の方は血行不良や水分の代謝が悪くなり、むくみとなって現れます。年齢を重ねると新陳代謝も落ちるた

め、よりむくみやくなります。

水分の取りすぎで起こるイメージのあるむくみですが、とくにミドル層の場合、体内の水分不足によって引き起こされることもあります。身体は不思議なもので、「必要な水分が摂取できていない」と感じると、体内に水分を溜め込もうとしてしまうのです。

忙しいとつい水分補給がおろそかになりがち。また、コーヒーやお茶など利尿作用のある飲料ばかり飲んでいる方も水分不足になりやすいので注意しましょう。

むくみを解消するためには、「適切な水分補給」と「適度な運動」が必要です。第1章で、「内側からの保湿」として水分補給の大切や、「ターンオーバーが整う習慣」として、「バランスのよい食事」「十分な睡眠時間の確保」「適度な運動」を説明しています。これらは、むくみの改善にも効果的なので参考にしてください。

「しわ・たるみ・むくみ」に効果絶大なエクササイズ

エイジングによって起こるしわ・たるみ・むくみは、正しいスキンケア以外にも、顔の筋肉をしっかりと動かすことで改善できます。ここでは3つのエクササイズを紹介します。仕事や家事などの合間に作業しながらでも実践できるので、ぜひ試してみてください。

顔の筋肉を動かす3つのエクササイズ

エクササイズ❶ 「うに運動」は筋肉痛になるのが正解！

「うに運動」のやり方

1
くちびるを思い切り突き出して「う」の形にしたまま、5〜10秒キープ。

2
口角をめいっぱい左右に広げて「に」の形にしたまま、5〜10秒キープ。

3 **1**と**2**を交互に5回ずつ繰り返す。1日に2〜3回やってみましょう！

「う」と「に」の口の動きを繰り返すとてもシンプルな運動です。この2つの言葉の口の動きは口角とフェイスラインにアプローチし、バランスよく表情筋を鍛えてくれます。

口角が上がってぼやけたフェイスラインがすっきりし、血行もよくなるので、エイジングポイントすべてに効果絶大！　実際に多くのお客さまから「すごい効く！」と、うれしい声をいただいています。

顔の筋肉が衰えている人ほど最初はきつく、頬や口周りが筋肉痛になりますが、きちんとトレーニングできている証拠です。慣れてきたら筋肉痛にならなくなるので、そのまま続けてください。

〈うに運動のポイント〉
・慣れるまでは鏡を見ながら行う
・声は出しても出さなくてもOK
・眉間に力を入れないように注意
・歯を食いしばらないように注意

エクササイズ❷ 口角を上げる「ラッキー・ハッピー・超ハッピー運動」

深いしわにもつながるたるみは、「ラッキー・ハッピー・超ハッピー運動」で予防しましょう。この運動は、下がり気味の口角を上げるのに効果的。「ほうれい線やマリオネットラインが気になる」という方はもちろん、「最近、笑ってないかも……」という自覚のある方も、ぜひやってみてください。

口角を上げることで、幸福感をもたらすエンドルフィン、リラックス効果のあるセロトニンといったホルモンが分泌されることが研究でわかっています。「ラッキー・ハッピー・

超ハッピー」というポジティブな言葉とともに、表情も心も明るくなって前向きになれるはずです。

口パクでもOKですが、声を出したほうが効果は上がります。職場など人がいる場所ではやりにくいかもしれませんが、思い切って周りの人を誘ってみるのもおすすめです。友人、同僚などと一緒なら恥ずかしくないうえに、みんながハリのあるキラキラした素肌と笑顔、そしてハッピーをゲットできます！

〈ラッキー・ハッピー・超ハッピー運動のやり方〉

❶鏡の前で自然な笑顔をつくる

❷口角を意識してゆっくり「ラッキー・ハッピー・超ハッピー」と声に出す。5回繰り返す。

1日に2〜3回やってみましょう。

〈ラッキー・ハッピー・超ハッピー運動のポイント〉

・手を使って口角を上げず、顔の筋肉だけを動かす

・洗顔時、手を洗うときなど、鏡を見たタイミングで行う
・友人や同僚を巻き込んで一緒に実践する

エクササイズ❸ 愛され顔になる「あひる口運動」

みなさなんは「あひる口」をご存じですか？　女優の広末涼子さん、上戸彩さん、吉高由里子さんなどに代表される、口角がキュッと上がり上唇が少し前に突き出た、まさに「あひるのくちばし」のようなキュートで魅力的な口の形です。今も昔も〝愛され顔〟の代名詞といえるあひる口ですが、じつは表情筋トレーニングとしても有効です。口周りの筋肉をまんべんなく使うので、エイジングやマスクの多い生活によって衰えがちな口輪筋を鍛えることができます。

「あひる口運動」は鎖骨を押しながら行うため、顔全体のむくみ予防にも効くスペシャルな運動です。鎖骨には大きなリンパ節があるので、刺激することで血流やリンパの流れが

「あひる口運動」のやり方

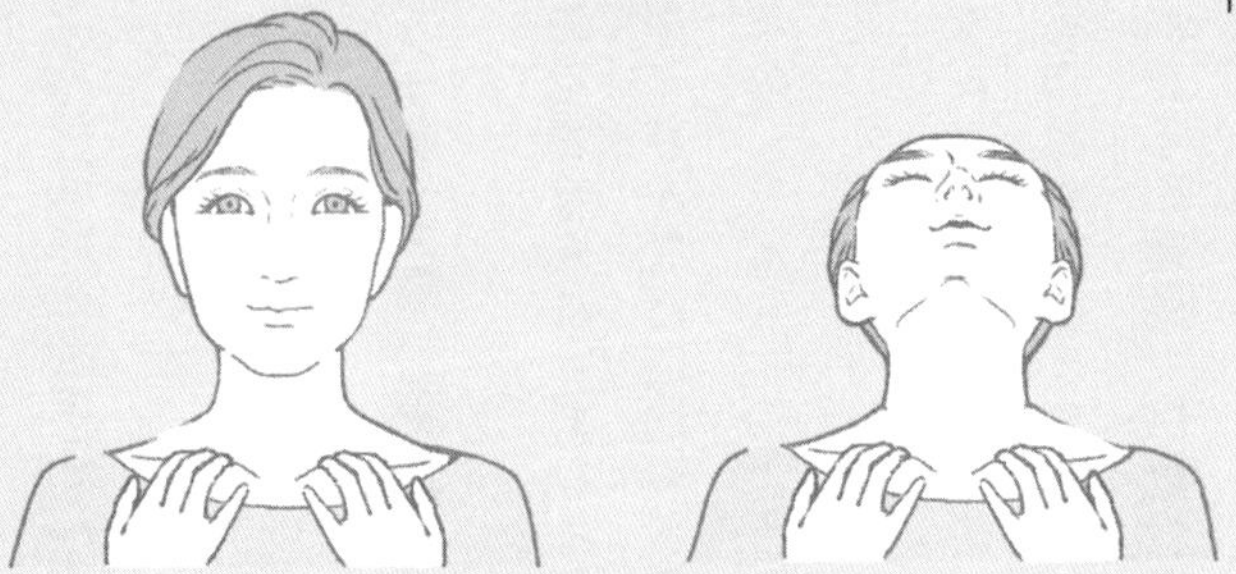

1
人差し指、中指、薬指を引っかけるようにして左右の鎖骨を押さえる。

2
上を向いてあひる口をつくり、そのまま5～10秒キープ。

3 呼吸を止めずに**2**を5回繰り返す。1日に2～3回やってみましょう！

スムーズになり、表情が明るくすっきりします。さらに、上を向くことでたるみを防ぎ、リフトアップ効果も期待できます。

〈あひる口運動のポイント〉

・最初に「う」の形をつくり、くちびるを突き出したまま口周りの筋肉だけを中心に集めるとあひる口をつくりやすい
・慣れるまでは鏡を見ながら行う
・歯を食いしばらないように注意
・眉間に力を入れないように注意

第6章

「魔法の手」で
お金をかけずに
きれいになる

セルフケアが楽しくなる「魔法の手」

ななこさんのこんな華やかな表情が見られるとは…私はうれしいです
うじ
うじ
キノコを生やしていたななこさんが…
自分でもびっくり！スキンケアを間違って覚えていたことにもびっくりだし、
正しいエイジングケアで本当に肌がきれいになるってことにもびっくりです！
いくつになっても正しいお手入れをすれば、肌はきちんと応えてくれます
エイジングケアは魔法ですね
なんちゃって♥
いえ、
その通りです！
正しいエイジングケアはすべての女性を笑顔にしてくれると、私は本気で思ってますよ！
ですね！これからもコツコツと楽しく続けます！
毎日のスキンケアと一緒にマッサージも加えるとより効果がアップしますよ
そこで、頑張っているななこさんに今日はもっときれいになれるとっておきの秘伝を教えちゃいます！
キラッ

え、なんですか…!?
ゴクッ
美容業界に伝わる「魔法の手」です
これまで何度もお肌にはやさしく接してくださいと言ってきましたが、
じつはやさしく接するコツがあるんです
えー！もっとはやく教えてくださいよ～
これは絶対に実践してほしいので正しいエイジングケアで
肌は変わると信じられた方にのみ教えています
はーい
信じました！実感しています！
なんて、大袈裟に言っていますがとても簡単なことで
マッサージをするときにはこの2本の指が「魔法の手」になるんです
中指と薬指ですか？

はい。人差し指と中指を使う人が多いんですけど、人差し指は力が入りやすいんです
グッ
やさしく肌に接するには、中指と薬指を使うことがコツなんです
ほんとだ！いつもよりやさしくできる気がします！
マッサージをするときはもう1つポイントがあります
指先ではなく、指の3分の2（第二関節まで）を使うこと
指の面積を大きく使ったほうがやさしくケアできます
「面」ということですね
メモ
メモ
おウチでお金をかけずにきれいになるために大活躍してくれる指の使い方です。ぜひマスターしてくださいね！
マッサージだけでなく、洗顔や化粧水を塗るときも意識してみてください
さらに効果がアップして、もっとエイジングケアが楽しくなりますよ！
さっそく今夜からやってみます！

老廃物を流して肌を活性化させる

すっぴん美肌をつくるために大切なのは、肌代謝＝ターンオーバーを正常に保つことです。正しいスキンケアが第一であることはこれまで繰り返しお話ししてきましたが、血液や水分のめぐりをよくし、老廃物を溜め込まないことでより効果はアップします。

老廃物を流すためにはマッサージが効果的です。筋肉を動かすことで、たるみが改善し、しわの予防につながります。また、むくみの解消になるのはもちろん、しみやくすみが改善され肌のトーンが明るくなります。

まずは、自身の老廃物の溜まり具合をチェックしてみましょう。次のチェック項目に1

「老廃物は溜まっていませんか？」チェック

	YES	NO
鎖骨が見えない	□	□
鎖骨の周辺を触ると痛い	□	□
鎖骨のくぼみに指が入らない	□	□
腋窩《えきか》リンパ（わきのすぐ上）が張っている、または触ると痛い	□	□
あごの下がたるんでいる、または二重あごになっている	□	□
耳下のリンパが張っている、または触ると痛い	□	□
脱力して首を回すと、どこかに引っかかりや回しづらさを感じる	□	□

つでもYESが該当したら老廃物が溜まっているサイン。これから紹介するマッサージをエイジングケアに取り入れてみてください。

マッサージをすることで、老廃物はどんどん流れやすくなっていきます。ときどき項目を見直し、老廃物の溜め込み具合をチェックしましょう。改善されていることが実感できれば、マッサージも楽しくなってくるはずです。

摩擦を軽減するマッサージのポイントと手順

すっぴん美肌をつくるためのマッサージをより効果的にするために大切なことは、肌に「極力刺激を与えない」ことです。摩擦は肌の乾燥を促進させ、肌トラブルを招きます。せっかく時間と手間をかけてマッサージをしても、摩擦をかけすぎてしまっては元も子もありません。マッサージをするときは次の3つのポイントと3つの手順を押さえましょう。

□摩擦を減らす3つのポイント

❶マッサージ専用のクリームやマッサージ可のスキンケア商品を使う

滑りをよくするために、専用クリームやマッサージにも使える油分の多い美容液などを使用してください。スキンケアのついでに洗顔料や乳液でマッサージをしている方もいるかもしれませんが、これはＮＧ。滑りが悪く摩擦が起きやすくなります。エイジングケアは目的に合った商品を、適量使用するのが原則です。

❷魔法の手を使う

魔法の手とは、「中指」と「薬指」の2本の指のことです。力が入りにくい指なのでなるべくこの2本をメインに使います。これからご紹介するマッサージでは、魔法の手以外を使うこともあります。その場合も他の指は添える程度で魔法の手を動かす意識を持つことで摩擦が軽減します。

❸指の第二関節まで使う

指先だけではなく、指の第二関節まで、もしくは指全体を使ってください。指先だけだと力が入ってしまいがち。痛みを感じるほど強い力を加える必要はありません。指の面を肌に「密着」させ滑らせるように動かすことで、やさしくマッサージできます。

□効果を上げる3つの手順

❶手を清潔にする

汚れた手で顔を触ると肌トラブルを引き起こす場合があります。石けんで手を洗い、清潔なタオルで水気をふき取ってからマッサージをしましょう。アクセサリーをつけていたり、爪がのびていたりすると肌を傷つける恐れがあります。アクセサリーははずし、できれば爪は短く切ることをおすすめします。爪を切りたくない、もしくは付け爪をしている場合は、爪が肌に当たらないように気をつけてください。

❷ 手を温める

化粧水やクリームが手の温かさで肌に馴染みやすくなるように、マッサージも温かい手で行うことで血行が促進します。ぬるま湯に手をつける、手をこするなどして手を温めてからマッサージしましょう。

❸ 手をぶらぶらして脱力する

マッサージに余計な力は必要ありません。手首を回したり、ぶらぶらと振ったりして、上半身を脱力しましょう。

次項からは、すきま時間にできる効果的な7種類のマッサージを紹介します。次ページのイラストのように、エイジングによって目立ちやすくなるしわやたるみなどを部分別に改善する方法です。すべて行う必要はありません。気になる部分や、これなら続けられそ

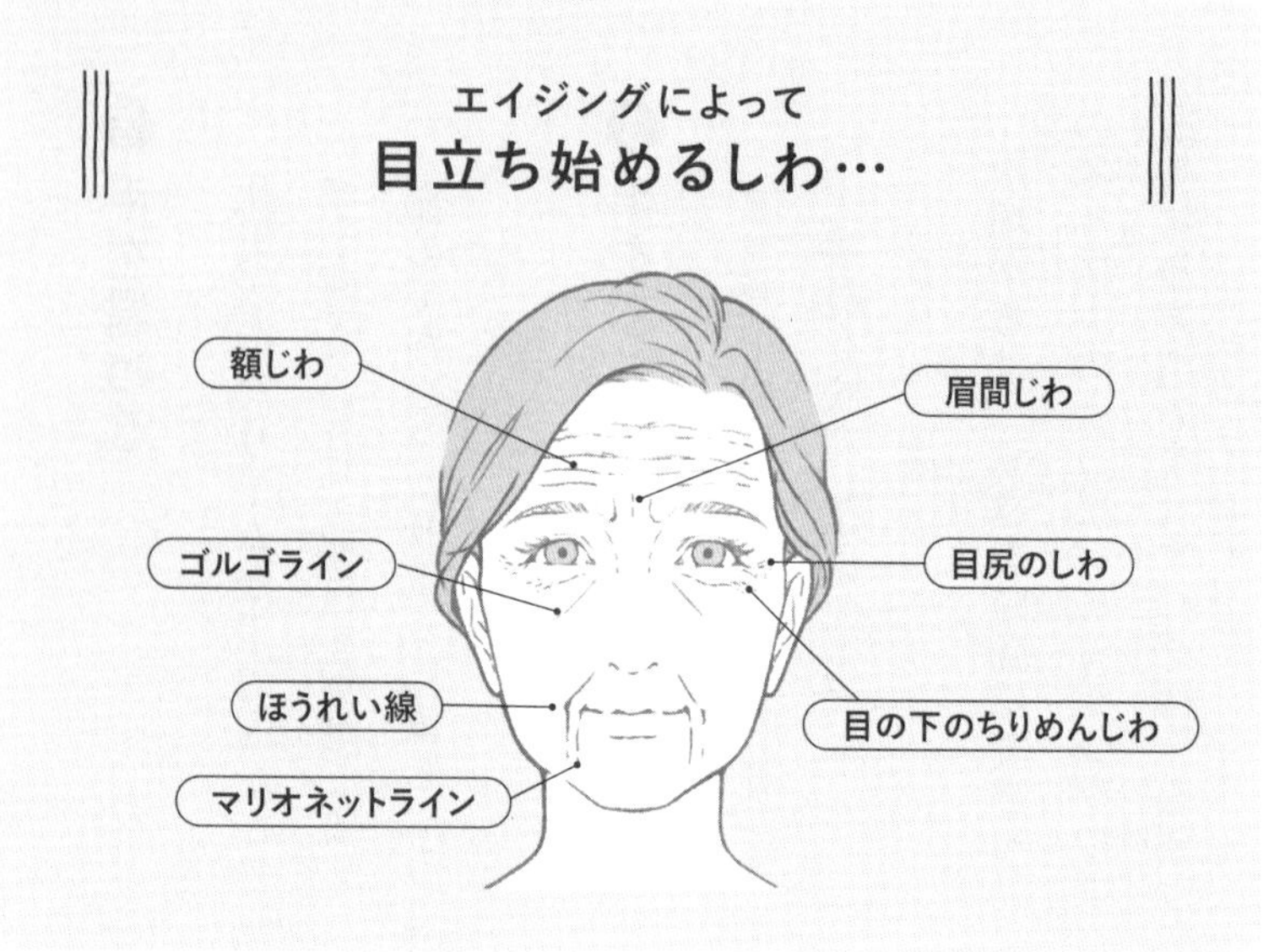

うと思うマッサージを選び、1つずつ試してみましょう。

マッサージはコツをつかむまでに少し時間がかかるかもしれませんが、鏡で1つひとつ手順を確認しながら行ってください。

正しくできていれば必ず効果は現れます。効果が感じられない場合は、3つのポイントと3つの手順を再確認しましょう。

肌荒れがひどくなった場合はやり方が間違っている可能性があります。一旦マッサージをお休みして、肌の調子が整ってから、もう一度ポイントと手順を確認して再度チャレンジしてみてください。

欲張らずに、続けることが大切

「眉間じわも、目尻じわも、ゴルゴラインも、ほうれい線も、全部気になる！」という方は少なくないかもしれません。全部やりたいし、続けられるという方はぜひ実践してみてください。

しかし、すべてを取り入れることで継続できなくなる可能性は高いと思います。まずは、日々のスキンケアをしっかりと行うことで、しわやたるみを改善しましょう。それでも悩みが解決しなかった場合、もっとも気になる部分からマッサージを取り入れてみてください。

組み合わせるときのポイントは下の部位から順にマッサージしていくことです。①〜③

はその流れになっています。特典として動画をプレゼントしていますので、ぜひ参考にしてください（190ページ）。

エイジングケアは何よりも続けられることが重要。

無理のない範囲でできるマッサージを厳選し、かつ1回1分間の時間を守りましょう。長く行うことで効果が上がるものではありません。刺激を与えすぎて逆効果になってしまうこともあります。

1回や2回のマッサージでは効果を感じることはできないかもしれません。しかし、1週間、1か月と続けていくうちに「あれ？　しわが少し減った気がする」「フェイスラインが少しすっきりしてきた」などの変化が感じられるはずです。

手間をかけてケアをすれば、肌は必ず応えてくれます。「必要に応じて」、「1回1分間」のマッサージをエイジングケアに加えてみてください。

頬をリフトアップする「頬マッサージ」

頬がたるむと顔全体が下がった印象になるだけでなく、ほうれい線が深くなります。このマッサージはほうれい線の改善にとても即効性があるのでおすすめです。片側だけマッサージを行ったあと、マッサージしていない側と比べてみてください。
即効性があるものは戻るのも早いという特徴があります。継続していくことで少しずつ戻るスピードが遅くなっていくので、習慣づけることが大切です。

エイジングケア部分
・ゴルゴライン
・ほうれい線
・マリオネットライン

使う手
・親指以外の4本の指
（魔法の手を動かし、人差し指と小指は添えるイメージ）

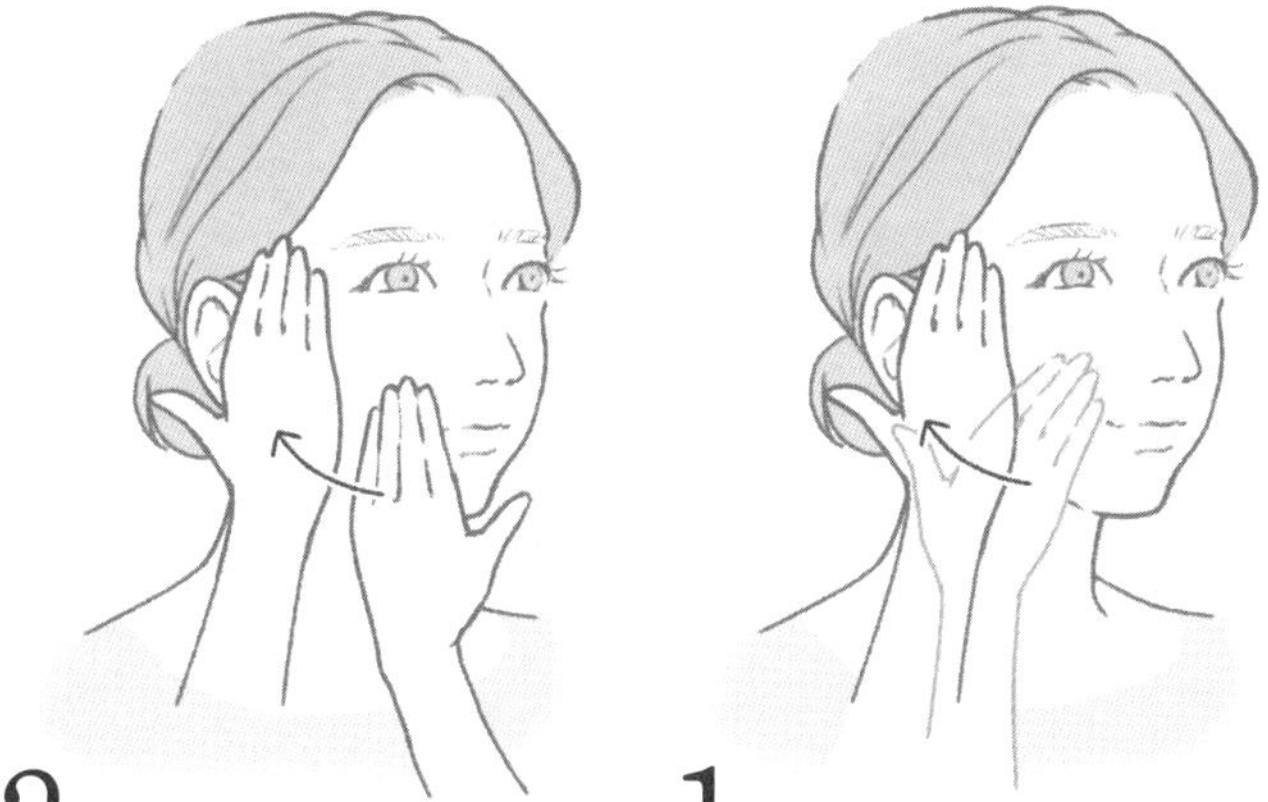

1

あごに右手（親指以外）を添える。皮膚を引き上げるように4本の指を耳の下まで動かす。

2

左手（親指以外）も右手のあとをなぞる。

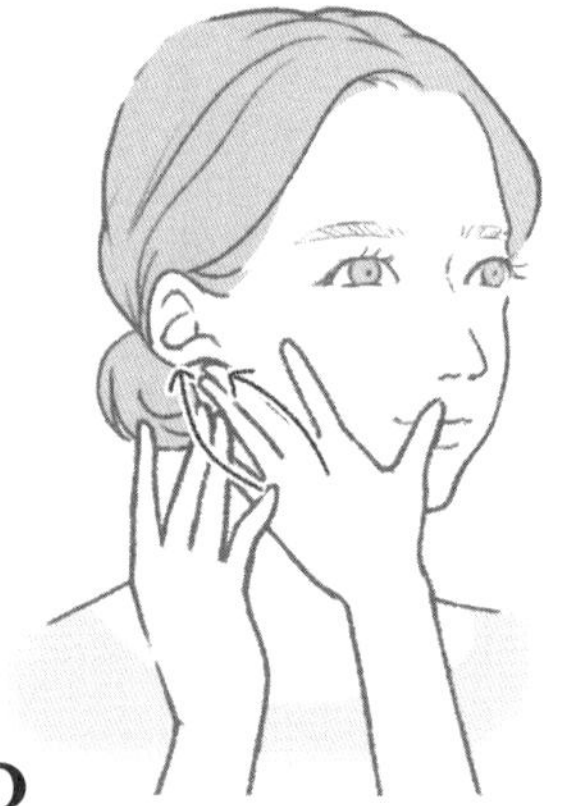

3

左右の魔法の手をすり上げて耳下のリンパに流す。

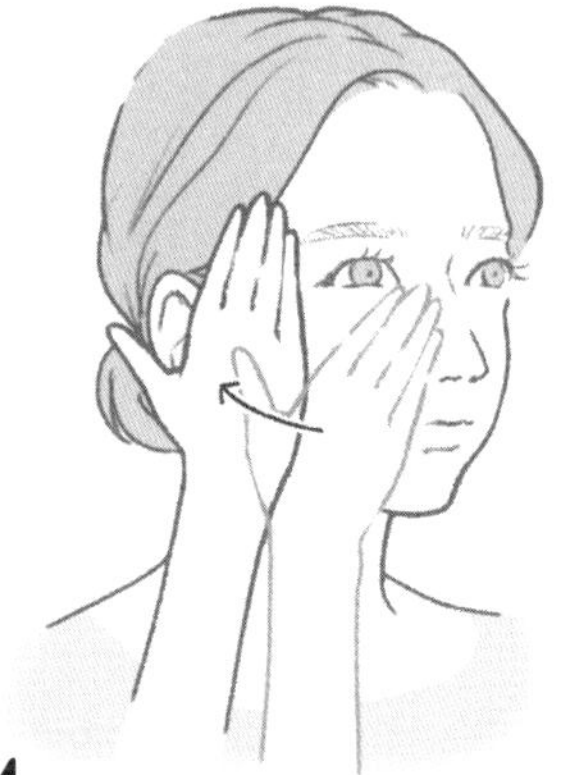

4

口角の横(右)に右手を添える。皮膚を引き上げるように4本の指を耳の中央まで動かす。

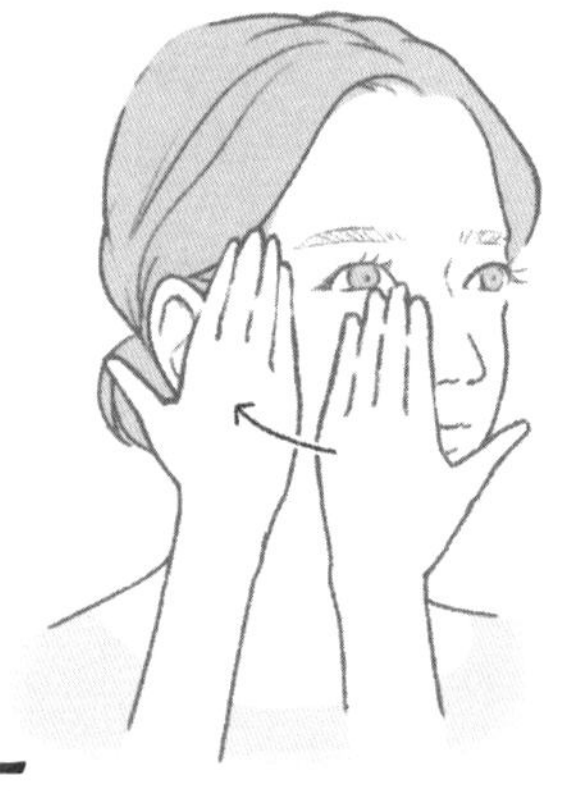

5

左手も右手のあとをなぞる。

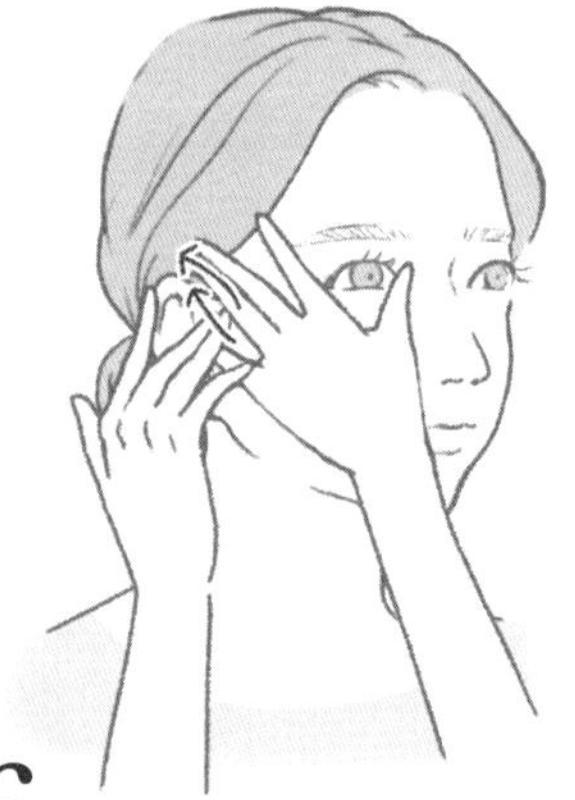

6

左右の魔法の手をすり上げて耳上のリンパに流す。

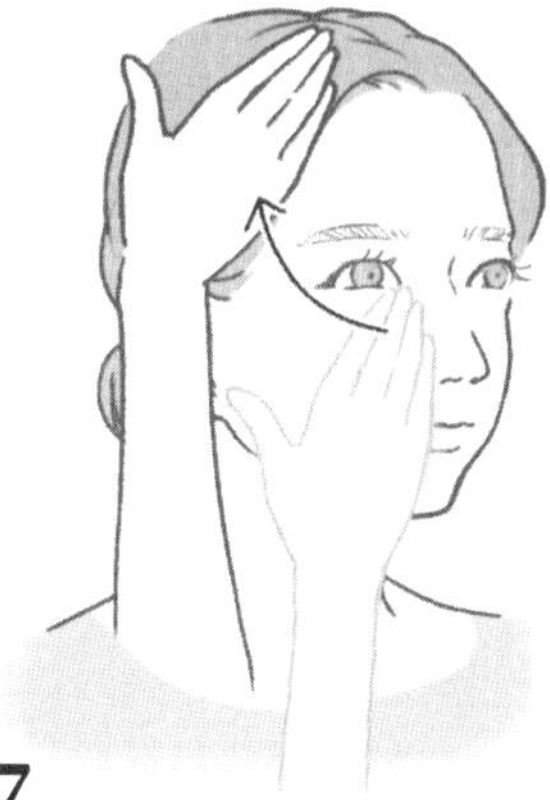

7

小鼻横に右手を添える。皮膚を引き上げるように4本の指をこめかみまで動かす。

8

左手も右手のあとをなぞる。

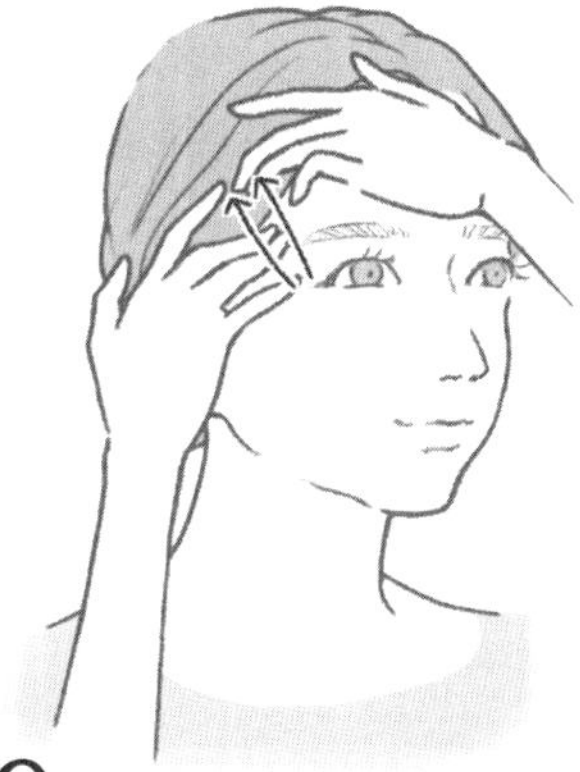

9

左右の魔法の手でこめかみを引き上げる。

10

左側も同じ工程を繰り返す。

目の周りのエイジングケア
「眼輪筋マッサージ」

眼輪筋（がんりんきん）とは、目の周りをぐるりと囲むようについている筋肉のことです。主にまぶたを開閉する役割があります。眼輪筋をマッサージすることで血行がよくなり、目の周りのたるみやくすみが改善します。

エイジングケア部分
- 目尻じわ
- 目の下のちりめんじわ
- ゴルゴライン

使う手
- 魔法の手（中指と薬指）

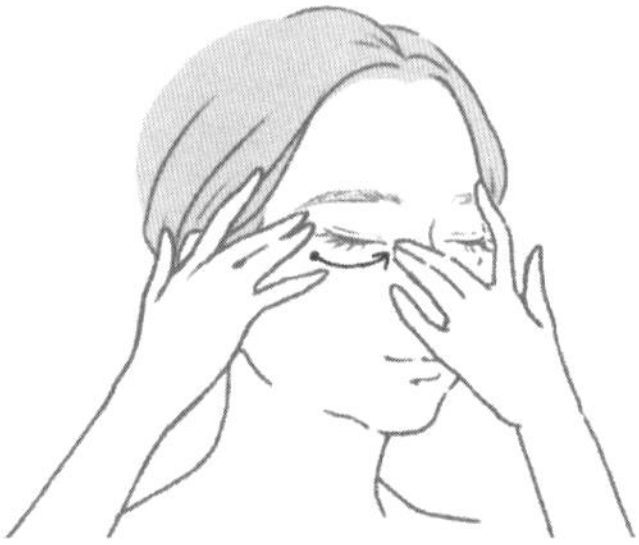

1

右の魔法の手で右目のこめかみあたりを軽く引き上げて、左の魔法の手を目の下をなぞるように目頭を通って眉頭まで動かす。

2

左手で右目の眉頭を押さえたまま、右の魔法の手を眉頭に移動させ、眉毛をなぞりながら、右のこめかみまで動かす。

3

両手の魔法の手をこめかみから頭皮まで数回、指を上に滑らせて皮膚を引き上げる。左目の周辺も同じように行う。1～3を1分間繰り返す。

額の横じわをとる
「額マッサージ」

エイジングによって気になり出す人が多い「額の横じわ」。「前髪を伸ばしたいけど、額じわが気になって伸ばせない」とおでこを隠している方もいるのではないでしょうか。エイジングが原因でおしゃれを楽しめないのは悲しいことですよね。堂々と額を出したい方は、ぜひこのマッサージを実践してみてください。

エイジングケア部分
・額じわ
・眉間じわ

使う手
・親指以外の4本
（魔法の手をメインに使い、人差し指と小指は添えるイメージ）

1

親指以外の指を額に当て、皮膚を引き上げるように頭皮まで手を動かす。

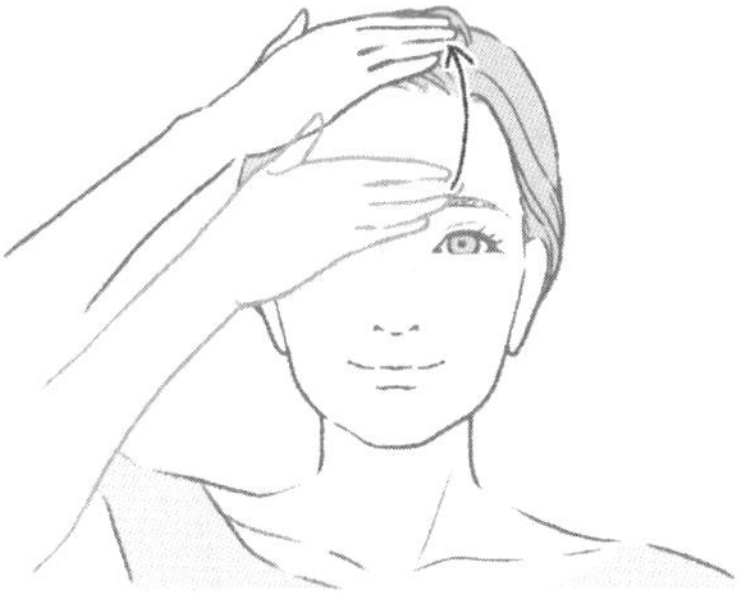

2

額の横じわをまんべんなく、左右の手を交互に使いながら引き上げる。

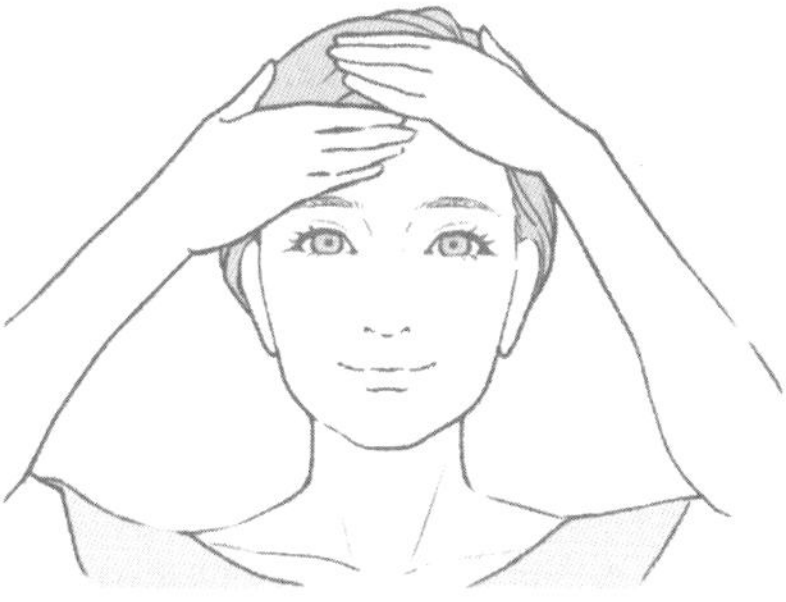

3

1～2を1分間回行う。

眉間じわをとる
「眉間マッサージ」

年齢とともに近くのものが見えにくくなるため、目を細めるのが癖になってしまうミドル層は少なくありません。その結果「眉間じわ」が深くなっていきます。眉間じわは年齢よりも上に見えるだけでなく、不機嫌そうな印象を与えてしまうエイジングポイント。❸の「額マッサージ」とセットで行うと効果的です。

エイジングケア部分	使う手
・眉間じわ ・額の横じわ	・魔法の手 （中指と薬指）

1

右の魔法の手を左の眉頭に添える。

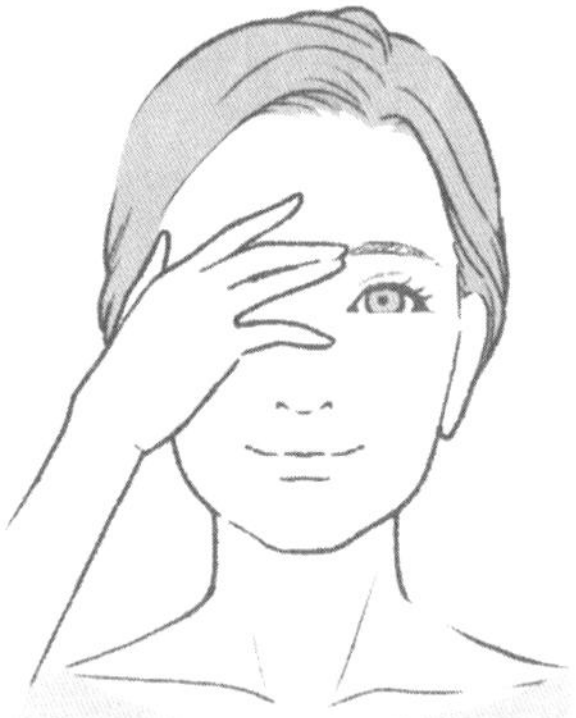

2

ななめ右上に向かって生え際まで皮膚を引き上げるように手を動かす。

3

反対側も同様に、左の魔法の手を右の眉頭に添える。ななめ左上に向かって生え際まで皮膚を引き上げるように手を動かす。1～3を1分間行う。

顔全体のむくみをとる
「耳マッサージ」

耳には多くのツボが集まっています。

耳を動かすことで血行がよくなり、顔のむくみやフェイスラインのたるみを解消することができます。また、目の疲れをとる効果もあるので、眉間じわの防止にもつながります。

エイジングケア部分	使う手
・ゴルゴライン　・ほうれい線 ・マリオネットライン ・眉間じわ	・人差し指と中指

1

両耳を人差し指と中指の側面でやさしくはさむ。

2

耳を上下に動かしたり、回すようにして、10～20秒程度動かす。

ゴルゴラインを解消する
「目周りツボ押し」

「まぶたが下がって目が小さくなった気がする」「目が疲れやすくなった」という方におすすめの方法です。

目がぱっちりと開くようになったり、ゴルゴラインが薄くなったり、目の疲労が軽減したり、さまざまな効果が期待できます。目の疲れがとれることで、眉間じわ予防にもつながります。

ツボ押しは「いた気持ちいい」くらいがちょうどいいサインです。

エイジングケア部分	使う手
・眉間じわ　・ゴルゴライン ・目尻じわ　・ちりめんじわ	・中指

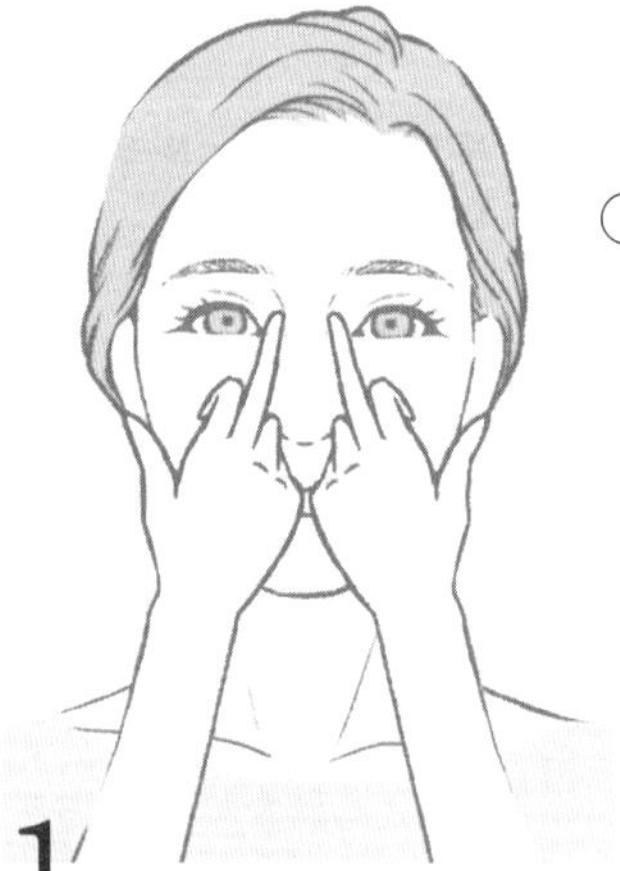

1

両手の中指を睛明《せいめい》に添える。

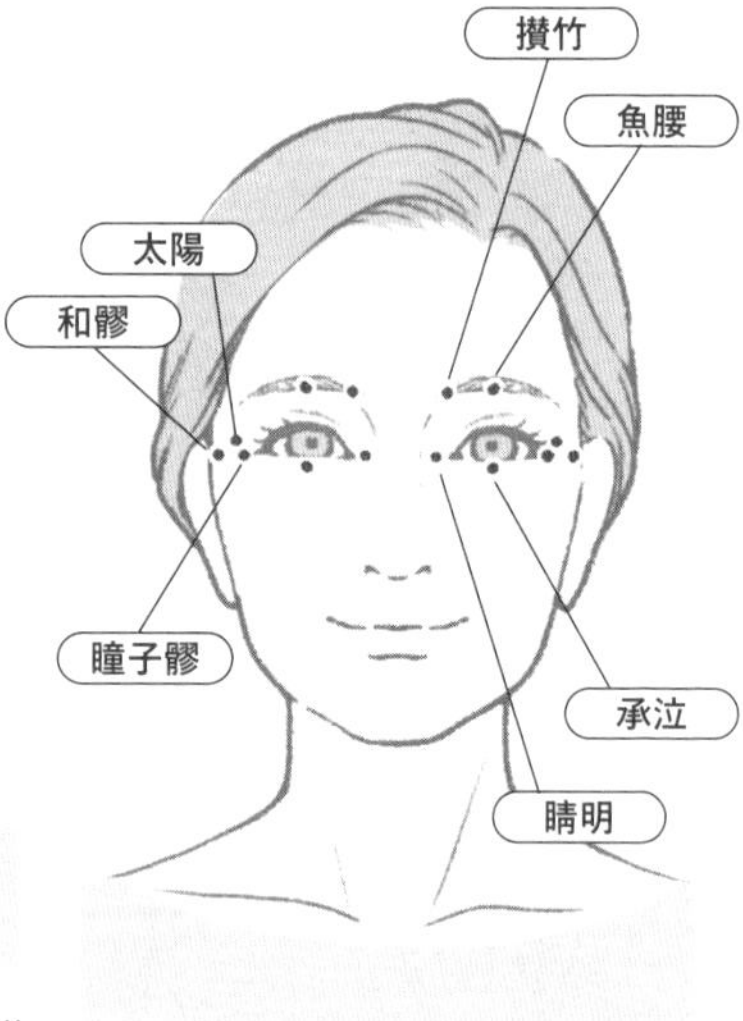

目の周りのツボ

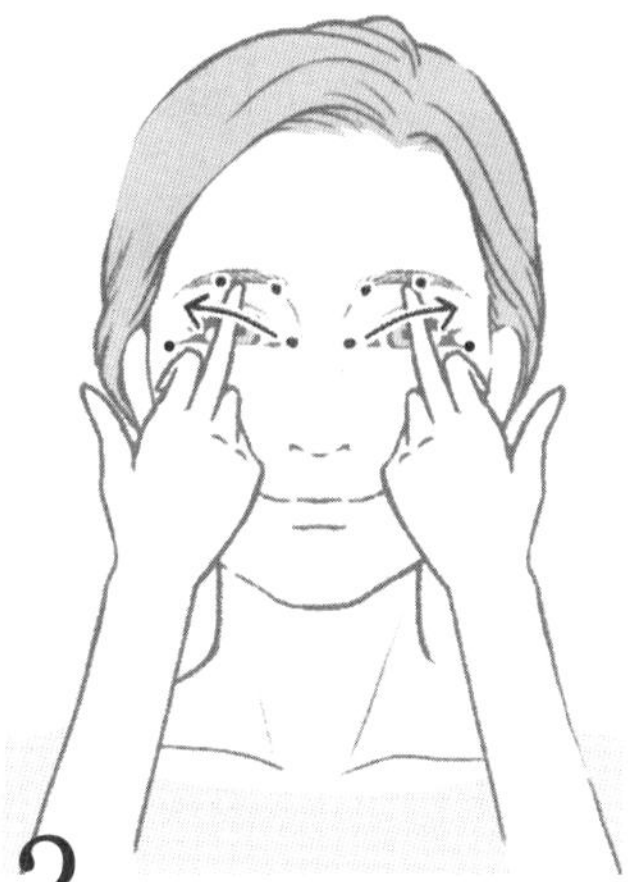

2

睛明→攅竹《さんちく》→魚腰《ぎょよう》→瞳子髎《どうしりょう》を指をずらしながら3〜7秒ずつ押す。

3

中指を承泣《しょうきゅう》に移動して3〜7秒押す。

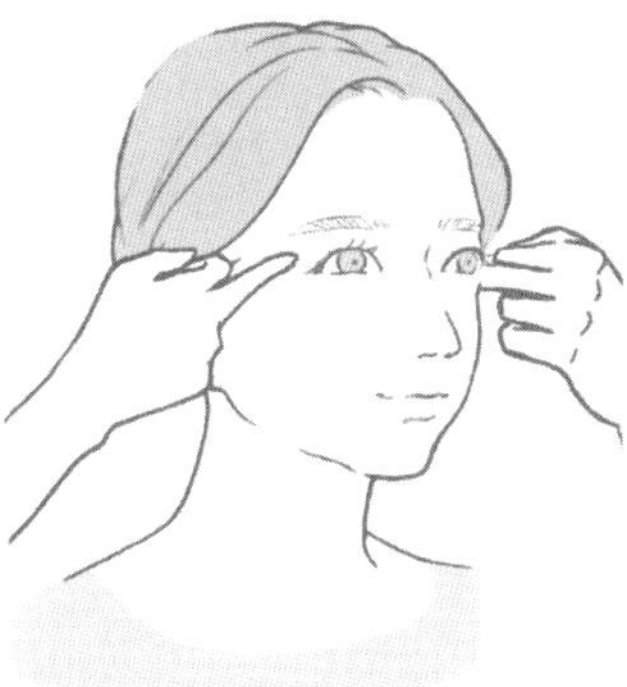

4

中指を太陽に移動し、3〜7秒押す。

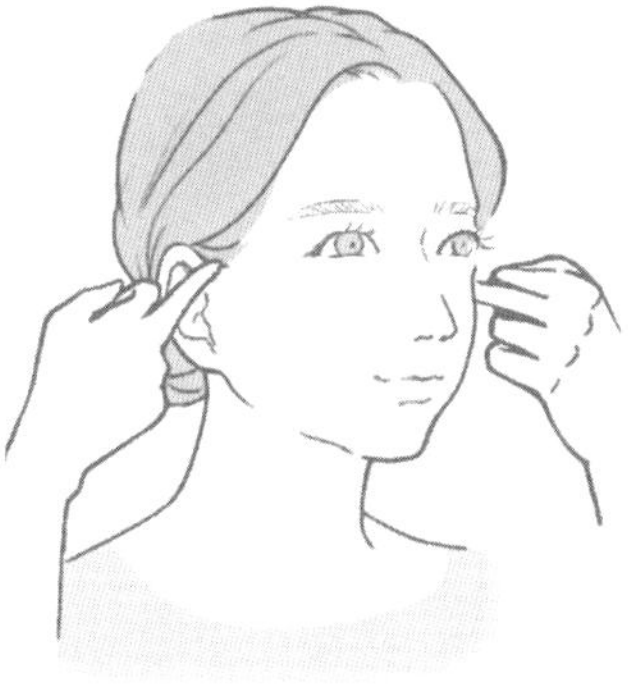

5

最後に中指で和髎《わりょう》を3〜7秒押す。

顔全体を引き上げる「頭皮マッサージ」

頭皮が硬いと顔の皮膚はたるみやすくなります。顔の皮膚を持ち上げる力が弱くなるからです。頭皮マッサージもあわせて行うことで、より血行促進が期待できます。

エイジングケア部分	使う手
・ゴルゴライン　・ほうれい線 ・マリオネットライン ・眉間じわ　・額じわ　・目尻じわ ・目の下のちりめんじわ	・手の甲側の第1関節と第2関節の間（親指以外）

1

親指以外の指を内側に丸め、第1関節と第2関節の間の部分（面）で、頭全体をマッサージする。

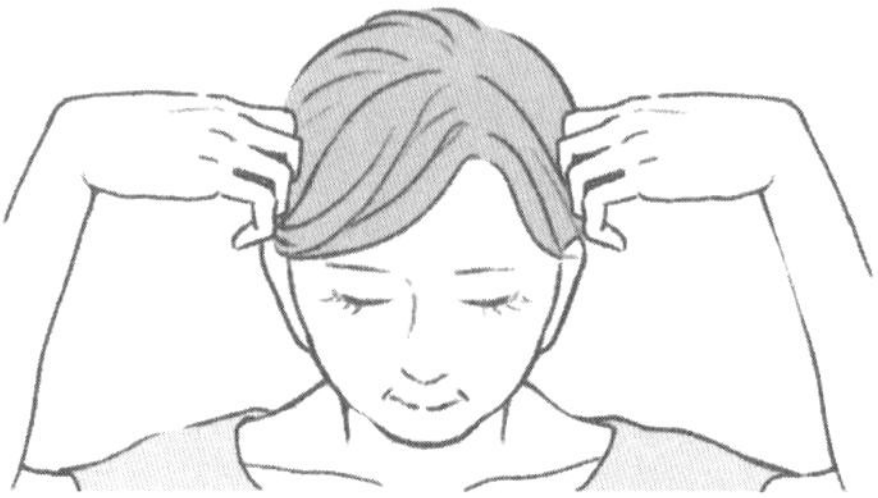

2

反時計回りで、その場で円を描く。頭皮をこすらずに指を移動しながら、全体をマッサージする。

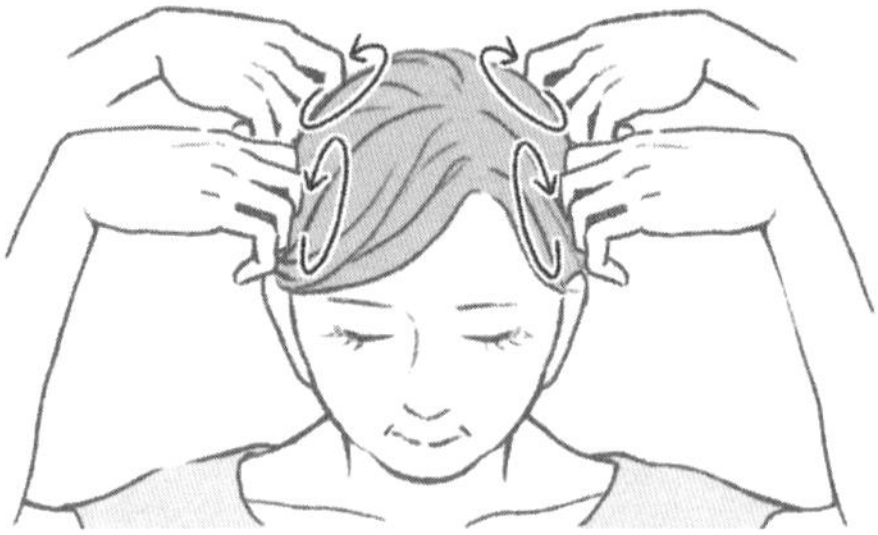

3

刺激が足りない場合は、第2関節（骨部分）を頭皮に当ててもOK。爪を使うのはNG。

おわりに

本書に登場してくれたななこさんのように、「年齢には勝てない……」と諦めてしまったり、「スキンケアを頑張っているのになかなか効果が出ない……」と悩むミドル層の女性は多いものです。

たしかに、若い頃の肌には戻れないし、一生懸命にスキンケアをしても若い方のようにすぐに効果は出ません。しかし、それを受け入れたうえで、半年、1年と「エイジングケア」を続けていくことで、確実にお肌は良い方向に変わっていきます。

正しいエイジングケアをすれば、あなたもななこさんのようにみずみずしく、健やかな肌を手に入れることが可能なのです。

いきなりすっぴん美肌にはなれないけれど、きちんと手をかけてあげれば肌は必ず応えてくれます。だからこそ、「毎日コツコツ」と「楽しみながら」お手入れをすることが大切なのです。

そういう意味で、エイジングケアにもっとも必要なのは「ポジティブ思考」

なのかもしれません。

ここで、ポジティブ思考を持ち続けるためのコツを2つ伝授しましょう。

1つは、毎日鏡を見ながら「今日の私もきれいだな」「昨日よりも肌がツヤツヤしている」と、〝肌にポジティブな言葉をかけてあげる〟ことです。肌は喜んで活性化してくれるはずです。

そして、もう1つは〝今日はお休みしてリラックスする日〟をつくることです。

毎日エイジングケアをコツコツと続けることは大変です。ときどき、頑張っている自分にご褒美をあげましょう。好きなことをして、好きなものを食べて、気の向くままに時間を過ごすのもいいでしょう。

エイジングケアをお休みしたい日は、エステサロンなどに行ってお手入れをプロに任せるのもいいかもしれません。プロの手によって変化した肌の「つるつるすべすべ感」を体験することでリラックスできると同時に、「このつるつるすべすべ肌をより長持ちさせたい」と、日々のエイジングケアへのモチベーションにもつながります。

その結果、「あ、今日はお化粧のノリがいい！」「今日の私、すごくきれい！」と思える時間が増えれば、脳はどんどんポジティブ思考になっていきます。さらには、年齢や自信のなさを理由に、したくてもできなかったファッションやメイクにチャレンジしてみたり、ちょっとお出かけしてみたりと、行動にも変化が起こるはず。

そう考えると、エイジングケアは「生き方」すべてにつながっていると思うのです。つまり、エイジングケアは新しい自分に出会えるきっかけになるのです。

本書を読んでくださったみなさんが、お肌がきれいになることで「楽しい！」「うれしい！」をたくさん積み重ね、自信が持てるようになれたなら、こんなにうれしいことはありません。

エイジングケアはすべての女性をきれいにする魔法です。

ぜひ、自分自身にすっぴん美肌の魔法をかけてみてください。

これからもみなさんの悩みに寄り添い、よりよいスローエイジングライフが送れるお手伝いができれば幸いです。

ゆっくりと、きれいに、肌年齢を重ねていきましょう！


最後に、美容業界に入ったばかりの未熟な私に多くのことを学ばせてくださり、経験させてくださった『ヤマノビューティメイトグループ』ならびに『山野愛子どろんこ美容』の山野幹夫社長、たくさんの的確なアドバイスやご自身の経験をお話しくださった山野敬子社主、愛をもって私をここまで育ててくれた今は亡き恩師・石野奈々子さん、そして10年以上にわたり、現在も一緒にフェイシャルサロンＦＡＣＥ＋を支え、盛り上げてくれている頼りになる仲間（ＦＡＣＥ＋スタッフ）、谷合さん、簑島さん、北野さん、釘井さんに感謝と愛を伝えたいと思います。

たくさんの方々に育てられ、支えられて私は今ここにいます。心からありがとうございます。

本書を手に取ってくださったみなさん、そして周りの方々に〝美〟と〝笑顔〟の連鎖が起こりますように‼

２０２３年６月　フェイシャルケアリスト　梅原美里

『サロンオーナーが全部教える
いくつになっても「すっぴん美肌」になれるコツ』
ご購入のみなさまへ

著者からのスペシャル特典

本書をお買い上げいただき、ありがとうございます。

感謝の気持ちを込めて、
「すっぴん美肌」をよりはやく手に入れるための
プレゼントをご用意いたしました。

ご購入特典

❶キメの細かい洗顔泡の作り方
https://youtu.be/Rjt3jAKymPg

❷即効性のあるリフトマッサージ法
https://youtu.be/FbspBa8Kytg

の動画をプレゼント

QRコードを読み込むか、上記URLからアクセスしてください。

『FACE+（フェイスプラス）』（中野店、表参道店）
https://faceplus.jp/

『山野愛子どろんこ美容 KOHAKU代々木店』
https://www.y-kohaku.com

著者紹介

梅原美里　フェイシャルケアリスト。

1982年東京都生まれ。2008年山野愛子直営店で勤務開始。2019年独立。『FACE＋（フェイスプラス）』（中野店、表参道店）、『山野愛子どろんこ美容KOHAKU代々木店』の3店舗のオーナーとなる。1万人以上を施術し、10年以上通い続けるお客様もいるなど顧客からの信頼は極めて高い。

本書では、多くの女性の悩みに寄り添ってきた経験をもとに、ミドル層に合った正しいエイジングケアを惜しみなく紹介。いくつになってもみずみずしい素肌を手に入れることはできるし、いつでも、そしていつまでも多くの女性たちに輝いてほしいと願っている。

サロンオーナーが全部《ぜんぶ》教《おし》える
いくつになっても「すっぴん美肌《びはだ》」になれるコツ

2023年 6月30日　第1刷

著　　者　梅《うめ》原《はら》　美《み》里《さと》
発 行 者　小澤源太郎

責任編集　株式会社 プライム涌光
電話　編集部　03(3203)2850

発 行 所　株式会社 青春出版社
東京都新宿区若松町12番1号 〒162-0056
振替番号　00190-7-98602
電話　営業部　03(3207)1916

印刷　三松堂　　製本　フォーネット社

万一、落丁、乱丁がありました節は、お取りかえします。

ISBN978-4-413-23312-5 C2077